LIRE ET DIRE

LECTURE • ÉTUDE DE TEXTE • LANGAGE ORAL ET PHILO
GRAMMAIRE • ORTHOGRAPHE • VOCABULAIRE • RÉDACTION

DIRECTEUR DE COLLECTION
Serge Boëche

AUTEURS
***Yves Mole** : conseiller pédagogique*
***Serge Boëche** : conseiller pédagogique*
***Régis Delpeuch** : auteur jeunesse*
***Oscar Brenifier** : docteur en philosophie*

ILLUSTRATION DE LA COUVERTURE
*dessin de **Lalou***
*mise en couleurs de **Raphaël Hédon***

Bonjour,

Au cycle 2, tu as appris à lire et à écrire.
Maintenant, tu vas apprendre à observer la langue écrite :

- en te promenant dans des textes qui traitent d'amitié, de fraternité, de différence, de tolérance, de la vie en famille ou à l'école et de bien d'autres choses ;
- en lisant des contes, des légendes, des récits, des BD, des poèmes, des documentaires… qui, tour à tour, te feront sourire, rire, pleurer (peut-être), réfléchir (toujours !)… Bref, qui te feront grandir ;
- en te posant des questions sur comment sont construits et fonctionnent ces différents textes ;
- en réfléchissant et expliquant comment est construite la langue que tu pratiques et comment elle s'écrit, ceci à travers des activités de grammaire et conjugaison, d'orthographe, de vocabulaire et de rédaction ;
- en partageant tes découvertes, tes remarques, tes réflexions avec tes camarades ;
- en discutant avec les autres élèves et ton maître ou ta maîtresse, à partir du **Petit atelier de philo**, des problèmes soulevés par les textes que tu viens de lire et par la façon dont tu les vis au quotidien.

Chaque séquence est construite sur un modèle unique présentant successivement les activités de lecture, de grammaire ou conjugaison, d'orthographe, de vocabulaire et de rédaction. Cette présentation constante doit te permettre d'utiliser ton manuel avec facilité.

Mais assez parlé…

… tourne la page…

… et bon voyage !

Les auteurs

CONTES, LÉGENDES ET CLASSIQUES

RÉCITS

THÉÂTRE, BD ET POÉSIE

DOCUMENTAIRES

GRAMMAIRE

CONJUGAISON

VOCABULAIRE

ORTHOGRAPHE

RÉDACTION

À la fin
de chaque histoire,
nous te poserons
7 questions.

Des questions
à débattre avec tes amis,
ton enseignant
et tes parents.

LE PETIT ATELIER DE PHILO

CONTES, LÉGENDES ET CLASSIQUES

Kabou a encore grandi

Toute sa vie, Kabou a souffert d'être petit. Un jour, dans la forêt, il rencontre Sihani, la sorcière qui lui donne des graines pour grandir. Kabou en avale une, puis deux…

Chapitre 4 — Le nouveau chef

La nuit venue, quand tous furent endormis, Kabou revint furtivement et s'allongea sans bruit entre les cases du village. Il s'endormit bientôt sous le ciel étoilé, non sans avoir auparavant avalé une autre de ses précieuses graines.

– Kabou a encore grandi ! Kabou a encore grandi !

Ce furent ces exclamations à la fois horrifiées et admiratives qui éveillèrent le jeune homme. Lui-même éprouva un instant de stupeur lorsqu'il découvrit que son corps s'était encore démesurément allongé. Sa tête reposait à l'entrée du village et ses pieds près de la sortie !

Dans son sommeil il avait renversé quatre cases dont les occupants, prisonniers, appelaient à l'aide afin qu'on les délivre. En se redressant il fit trembler le sol, culbuter trois vieillards et tomber la moitié des feuilles du baobab*. Lorsqu'il fut debout, un nuage blanc lui chatouilla le nez comme une moustache.

Il n'osa faire un pas, de peur d'écraser quelque enfant sous ses pieds gigantesques.

[…]

Le chef, cette fois, dut prendre une décision.

– Kabou, tu es ensorcelé ! Tu es devenu un monstre, un danger pour notre village ! Tu dois partir et ne plus jamais revenir !

Épuisé, Goro reprit son souffle, car il avait hurlé afin que ses ordres parviennent jusqu'à l'oreille du garçon. Alors le jeune homme, tout triste, s'éloigna après avoir délicatement frôlé du bout de l'ongle les cheveux de sa mère, en signe d'adieu. Elle éclata en sanglots, le cœur brisé.

Lorsque Kabou fut seul, il s'assit sur une petite colline pour réfléchir. Il commençait à se demander s'il n'avait pas fait une bêtise. Mais en contemplant ce monde devenu si petit et qu'il dominait de toute sa hauteur, un sentiment de fierté l'envahit. Les animaux les plus féroces s'éloignaient peureusement sur son passage et les girafes elles-mêmes devaient lever la tête pour l'observer. Un vieux lion un peu myope, qui eut l'audace d'essayer de le mordre au gros orteil, reçut une pichenette qui l'envoya bouler à dix mètres avec trois côtes cassées et un bel œil au beurre noir.

– Oui, c'est moi, le puissant Kabou, le géant qui n'a peur de rien ! Fuyez ma colère, petits fauves ridicules !

Le garçon criait sa joie à toute la nature et il lui semblait que tous, hommes, bêtes et plantes, devaient obéir.

Le jeune homme déambula ainsi pendant des heures, explorant le nouveau territoire dont il pensait être devenu le maître. Mais soudain des cris et des bruits sourds attirèrent son attention. Il tourna la tête. Oui ce tintamarre provenait bien de son village, maintenant si lointain. Un danger ? Un accident ? Il pensa à sa mère et s'élança immédiatement dans cette direction. Il ne lui fallut que quelques rapides enjambées pour atteindre son but et constater qu'un troupeau d'éléphants dévastait les habitations en une charge furieuse. Alors Kabou vola au secours des siens.

Il se mit à boxer les mastodontes, leur botta les fesses et leur allongea les oreilles.

[…]

(à suivre p. 10)

** baobab*

Gros arbre d'Afrique.

EXPLORATION DU TEXTE

1 **Quel est l'auteur du texte ?**

2 **Dans le chapitre 4, combien comptes-tu de prises de parole ?**
Qui parle et comment le sais-tu ?

3 **Entre la ligne 33** « *Le chef, cette fois…* » **et la ligne 42** « *… cœur brisé.* »**, combien de mots débutent par une majuscule ? Cite-les.**
Parmi ces mots, combien débutent une phrase ? Cite-les.

4 **Retrouve, dans le chapitre 5, les mots qui signifient :**
- que les plantes étaient couvertes de piquants ;
- avoir toujours faim ;
- un chef d'humeur grincheuse ;
- qui exerce un pouvoir autoritaire et absolu.

LANGAGE ORAL

1 **Reprends les paroles de Kabou du chapitre 4. Dis-les à tes camarades comme les dirait Kabou. Explique pourquoi tu as choisi cette façon de les dire.**

COMPRÉHENSION DU TEXTE

↪ *Dans le chapitre 4*

1 **Relève dans ce chapitre, les détails qui prouvent que Kabou est un géant.**

2 **En utilisant la numérotation des lignes du manuel, redonne à chaque titre ci-dessous la partie du texte qui lui correspond.**
- Kabou a encore grandi.
- Kabou est chassé du village.
- Kabou est maître de la nature.
- Kabou protège son village.
- Kabou est choisi comme chef du village.

3 **Quelle est la raison essentielle pour laquelle Kabou se porte au secours du village ?**

↪ *Dans le chapitre 5*

1 **Relève les détails qui montrent que Kabou est un chef exigeant.**

2 **Pourquoi Kabou s'éloigne-t-il du village ?**

3 **Pourquoi décide-t-on de se débarrasser de Kabou ?**

4 **Quel est le détail qui laisse croire que Kabou peut changer ?**

FONCTIONNEMENT DU TEXTE

↪ *Dans le chapitre 4*

1 **Recopie et complète le tableau.**

Quel est le personnage principal ? Que sais-tu de lui ?	Quels sont les autres personnages qui apparaissent dans ce chapitre ?

2 ***Le problème.***
Recopie la solution que tu retiens.
Quelle est la recherche de Kabou ?
- ☐ Kabou veut démolir les cases du village.
- ☐ Kabou veut devenir le chef du village.
- ☐ Kabou veut débarrasser la forêt des animaux sauvages.

3 ***La solution.***
Recopie la proposition que tu retiens :
Comment Kabou accède-t-il à son vœu ?
- ☐ Il avale beaucoup de graines qui font grandir.
- ☐ Il vole au secours des habitants du village.
- ☐ Il quitte son village pour ne plus y revenir.

4 **Le héros a-t-il résolu son problème ?**

5 **Le récit (chapitres 4 et 5) est-il complet ? Justifie ta réponse en recopiant les propositions que tu retiens.**
- ☐ Au début du texte on ne connaît pas les parents de Kabou.
- ☐ Le texte débute au chapitre 4.
- ☐ Le lecteur ne sait pas ce que va faire Kabou à la fin du texte.

Kabou a encore grandi

Kabou a encore grandi • *Coll. « Lecture en tête »*
Serge Frick • © *Sedrap Jeunesse*

(suite de la p. 8)

Une fois le calme revenu, Kabou fut fêté comme un héros. On loua sa force et son courage, et l'assurance du garçon s'en trouva renforcée. Maintenant chacun le suppliait :

– Reste, Kabou, tu nous protégeras !

Alors le garçon, dans un sursaut d'orgueil, affirma :

– D'accord, mais à une seule condition : à partir de maintenant je suis votre chef, le roi de la savane, et vous devrez m'obéir !

Goro tenta bien de protester, mais Kabou le chassa en hurlant si fort que le vieillard en resta sourd pendant deux jours.

Chapitre 5 — Tout va mal

Pour son premier matin de nouveau chef, Kabou se réveilla plein de rougeurs et de picotements. Allongé à même le sol de la brousse, des plantes épineuses et d'invisibles insectes rongeurs lui avaient irrité la peau pendant son sommeil. Il dut se gratter partout et courut se plonger dans la rivière pour apaiser ses démangeaisons.

Les crocodiles et les hippopotames, propriétaires du lieu, râlèrent car Kabou avait fait déborder l'eau jusque dans les champs et il ne leur en restait guère pour se laver. Puis ce fut le tour des cultivateurs de se plaindre :

– Tu as tout inondé ! Nos récoltes vont s'abîmer !

– Taisez-vous ! Je suis votre roi, le maître du monde !

Et il s'éloigna rapidement. À midi, il eut si soif qu'il but toute l'eau du puits. Ensuite il réclama à manger. Chacun dut lui préparer un mets et lui apporter avec déférence. Kabou avala tout et commanda :

– Encore ! J'ai toujours aussi faim !

Son estomac immense ne semblait jamais être rassasié. Peu après, il voulut faire une sieste, mais le soleil tapait dur et il ne put en supporter la chaleur sur son crâne. Aucune case, aucun arbre n'était assez grand pour lui procurer de l'ombre.

Alors il ordonna qu'on lui fabrique un chapeau en arrachant tous les palmiers du village qui avaient pourtant mis si longtemps à pousser.

[...]

Les jours suivants, il donna ordre sur ordre et les villageois durent obéir sans répliquer.

Mécontents, ils commençaient à regretter la présence de ce nouveau chef acariâtre*. Dans son dos, on le critiquait, on le traitait de despote, de tyran. Un roi, peut-être, mais un roi de l'esclavage !

Des réunions secrètes se tinrent après la nuit tombée. Il fallait le chasser, l'exclure de la communauté ! Mais comment ? Il était si grand et si fort ! Le sorcier prépara une boisson diabolique destinée à le rendre malade. Le breuvage, à base d'urine de chacal, de jus de coléoptères* et de venin de scorpion jaune fut servi à Kabou en guise de digestif à la fin de l'un de ses gigantesques repas qui le laissaient pourtant encore affamé. Mais la mixture était si infecte qu'il recracha la première gorgée sur la tête de ceux qui la lui avaient apportée. Instantanément, leurs cheveux fumèrent, grillèrent et tombèrent. Le garçon comprit alors qu'on avait voulu se débarrasser de lui.

Il entra dans une colère si violente, il tapa si fort du pied que la moitié des cases s'écroulèrent, provoquant des cris et les pleurs des enfants.

Il aurait sûrement détruit tout le village s'il n'avait vu la peur et surtout la honte dans les yeux de sa mère.

Alors il quitta le village pour retrouver calme et raison.

(...)

** acariâtre*
Désagréable et agressif.

** coléoptères*
Insectes comme les coccinelles, les hannetons.

La phrase

JE DÉCOUVRE

1 Lis le texte ci-dessous.

Épuisé, Goro reprit son souffle. Il avait hurlé afin que ses ordres parviennent jusqu'à l'oreille du garçon. Alors le jeune homme, tout triste, s'éloigna après avoir délicatement frôlé du bout de l'ongle les cheveux de sa mère. C'était son signe d'adieu. La vieille femme éclata en sanglots.

Recopie le texte et fais apparaître en rouge le début et la fin de chaque phrase.

Combien de lignes y a-t-il dans ce texte ? Combien de phrases ?

2 Parmi ces propositions, recopie celles qui sont des phrases. Justifie tes choix.

- Le jeune homme déambula.
- Il tourna la tête.
- Un village lointain
- Il pensa à sa mère.
- Kabou vola au secours des siens.
- une boisson diabolique destinée à le rendre malade.

3 Réécris les phrases en supprimant les mots qui ne sont pas indispensables.
Les mots non supprimés doivent toujours former une phrase qui a du sens.

- Une fois le calme revenu, Kabou fut fêté comme un héros.
- On lui fabriqua un chapeau avec les feuilles des palmiers.

JE RETIENS

Une phrase est un groupe de mots qui débute par une majuscule et se termine par un point.
Ex : Épuisé, Goro reprit son souffle.
Comment vas-tu ?
Dans une phrase, certains mots peuvent être supprimés ou peuvent changer de place.
Ex : – Kabou se glissa dehors en démolissant la moitié de la porte.
– En démolissant la moitié de la porte, Kabou se glissa dehors.
– Kabou se glissa dehors.

JE M'ENTRAÎNE

1 Recopie les groupes de mots qui sont des phrases.

- Pour son premier matin de nouveau chef,
- Kabou se réveilla plein de rougeurs.
- D'invisibles insectes rongeurs lui avaient irrité la peau.
- Allongé sur le sol de la brousse,
- Il dut se gratter partout.

2 Avec les groupes de mots suivants, écris des phrases qui ont du sens.
Attention à la ponctuation.

• Il	*• était*	*• une sieste*
• Kabou	*• n'était*	*• rapidement*
• Aucun arbre	*• voulut faire*	*• ridicule*
• Ce chapeau	*• s'éloigna*	*• assez grand pour lui*

3 Recopie les phrases suivantes. Souligne dans chacune d'elles, les mots que tu pourrais supprimer.
Les mots restants doivent toujours former une phrase qui a du sens.

- Des réunions secrètes se tinrent après la nuit tombée.
- Le sorcier prépara une boisson diabolique pour le rendre malade.
- Kabou quitta le village pour retrouver calme et raison.

4 Écris au moins une phrase qui a du sens, en changeant l'ordre des différents groupes de mots de la phrase suivante.

- Aucun arbre n'était assez grand pour lui procurer de l'ombre.

5 Divise les phrases suivantes en plusieurs phrases en faisant les modifications nécessaires :
• ponctuation,
• majuscules,
• mots ajoutés ou supprimés.

- Le garçon criait sa joie à toute la nature et il lui semblait que tous, hommes, bêtes et plantes, devaient obéir.
- Il se mit à boxer les mastodontes, leur botta les fesses et leur allongea les oreilles.

Écrire des mots qui ont la même prononciation

JE DÉCOUVRE

1 Souligne les mots qui ont la même prononciation.

• Le kangourou se déplace en faisant des bonds de plus de huit mètres. C'est un bon sauteur.

Complète les phrases ci-dessous en utilisant les mots que tu as soulignés.

• Kabou s'enfuit en trois ....
• Plus tard, il montra que c'était un ...... fils.

2 Lis puis complète les phrases.

→ *corps : le corps humain.*
→ *cor : instrument de musique.*

• Le chasseur souffle dans son ...... de chasse.
• Le ...... de Kabou avait encore grandi.

JE RETIENS

L'orthographe permet de donner une signification aux mots qui ont la même prononciation.
Ex : bond → saut bon → gentil
Lorsque je dois les écrire, je vérifie l'orthographe dans le dictionnaire.

JE M'ENTRAÎNE

1 Lis les définitions suivantes.

→ *puis : j'ai mangé un gâteau puis un fruit.*
→ *puits : le puits n'a plus d'eau.*

→ *épais : un tapis épais.*
→ *épée : une épée pointue.*

→ *mets : range.*
→ *mai : cinquième mois de l'année*
→ *mais : mot qui relie deux mots ou deux phrases.*

→ *laid : qui n'est pas beau.*
→ *lait : liquide blanc.*

Complète les phrases avec le mot qui convient.

• Les ouvriers travaillent au ...... de pétrole ...... prennent la route pour rentrer chez eux.
• L'animal disparut dans un ...... fourré.
• Il portait son ...... sur le côté.
• L'appartement est petit ...... commode.
• ...... tes affaires dans l'armoire !
• La fête du travail est le premier jour de ....
• Tous les matins, je bois mon ...... dans un bol très ....

Les mots-étiquettes

JE DÉCOUVRE

1 Relève, dans le chapitre 4 de « *Kabou a encore grandi* », les mots que l'on peut mettre sous le mot-étiquette « animaux ».

2 Reprends la même recherche pour le chapitre 5, de la ligne 108 à la ligne 159.

3 Quel mot-étiquette donnerais-tu à la liste de mots suivants du chapitre 5 ?

→ *estomac (l. 127) – crâne (l. 130) – dos (l. 140) – tête (l. 154) – cheveux (l. 156) – pied (l. 161)*

JE RETIENS

Les mots-étiquettes servent à regrouper des mots par familles.
*Ex : **Animaux** → crocodile – chacal – scorpion*

JE M'ENTRAÎNE

1 Complète les phrases suivantes en utilisant les mots qui conviennent.

→ *fruits – raisins – oranges – bananes – pommes – fraises*
→ *légumes – choux – carottes – poireaux – radis – salades*

• En arrivant au marché, Hugo trouva les marchandises déjà installées : les ...... et les ...... s'étalaient sur les tréteaux de bois.
• Les choux, les carottes, les poireaux, tous les ...... mélangeaient leurs odeurs.
• À la demande de Hugo, le marchand lui pesa un kilo de ...... et quelques légumes.
• Le marchand sépara les fruits et rangea dans un sac les belles ...... rouges et dans un autre les ...... en grappes serrées.
• Hugo se promit de revenir tant le choix des ...... et des légumes était important.

Écrire, inventer la fin d'un récit

J'ÉCRIS

1 ***Kabou a quitté le village** « pour retrouver calme et raison ».*

Imagine ce qu'il va faire pour retrouver une taille normale.
Avant d'écrire cette suite, réponds en quelques phrases aux questions suivantes :

- Kabou est parti du village. Il est malheureux. Pourquoi ?
- Que peut-il faire pour retrouver une taille normale ?
- Quelle sera la fin heureuse ou malheureuse de l'histoire ?

Conseils :

- ***Kabou est le héros de l'histoire. Il doit être toujours présent.***
- ***De nouveaux personnages peuvent apparaître dans la suite de l'histoire.***
- ***Attention à la ponctuation et aux majuscules.***
- ***Aide-toi d'un tableau de conjugaison pour écrire correctement les verbes et d'un dictionnaire pour l'orthographe des mots pour lesquels tu hésites.***

2 **Lis ces trois propositions et choisis celle que tu retiens pour expliquer le titre « *Kabou a encore grandi* ».**

☐ Kabou est un enfant turbulent qui n'écoute pas ses parents.
Un jour, en se promenant dans la brousse, il suce une plante trouvée au pied d'un arbre.
Aussitôt…

☐ Kabou est né tout petit, minuscule. Sa maman, inquiète, appelle le sorcier du village pour qu'il aide Kabou à retrouver une taille normale.
Après une visite rapide, le sorcier donne à Kabou…

☐ Kabou se trouve beaucoup trop petit quand il se rend à l'école du village. Son ambition est de devenir le chef du village et pour cela il doit être le plus grand et le plus fort de tous les garçons.
Son père lui avait appris que dans le village voisin on faisait pousser une mystérieuse plante qui permettait à celui qui la possédait de devenir grand et fort. …

En fonction de ton choix, imagine et écris une suite.

LE PETIT ATELIER DE PHILO

- *En quoi Kabou dérange-t-il les autres lorsqu'il grandit ?*
- *Est-ce de la faute de Kabou s'il est malheureux ?*
- *Kabou a-t-il raison de s'en aller du village ?*
- *Est-ce difficile de grandir ?*
- *Dérangeons-nous les autres lorsque nous grandissons ?*
- *Voudrais-tu avoir du pouvoir sur les autres ?*
- *Est-ce le destin ou nos choix qui nous font agir ?*

La montagne aux trois questions

Il était une fois un jeune étudiant très malheureux. Rien qu'en regardant sa figure, on devinait pourquoi : il était laid. Avait-il le nez rouge ? Les cheveux verts ? Les oreilles trop grandes ? Les yeux de travers ?

Personne ne le sait plus aujourd'hui.

Mais aucune jeune fille n'en voulait pour époux, aucun garçon n'en voulait pour ami.

Et lorsqu'il se présenta aux concours d'État, l'huissier* lui interdit d'en franchir la porte.

– Pas question de devenir fonctionnaire avec une tête pareille ! Les gens en perdront tout respect pour les mandarins ! Même le roi, que le Ciel le protège, en serait ridiculisé !

« C'est trop injuste ! pense l'étudiant en s'en allant, tête basse. Je ne l'ai quand même pas choisie, ma figure ! »

Et puis il se rappelle une berceuse que lui chantait sa mère, lorsqu'il était tout petit.

Au pays de l'ouest
au pays des orages
il y a une montagne
qui touche les nuages.
La Terre y rencontre
le Ciel étoilé,
trois génies, toutes réponses…
Mais comment y aller ?

« Je dois trouver cette montagne. Je l'escaladerai et demanderai aux génies pourquoi j'ai été affligé d'une figure aussi disgracieuse ! » se dit l'étudiant.

Et il part vers l'Ouest.

Il marche longtemps.

Au début, il dort dans les champs. Il craint les moqueries qui l'accueilleraient dans les auberges. Mais au fur et à mesure qu'il avance, les villages sont plus petits, les distances entre eux plus grandes. La route devient un sentier étroit qui commence à grimper. Parfois, lorsqu'il fait clair, on voit une montagne entourée de brumes flotter au-dessus de l'horizon. Et les orages sont de plus en plus fréquents, de plus en plus violents.

« Je suis sur le bon chemin », se dit l'étudiant.

Un soir, un orage terrible se déchaîne. Le tonnerre gronde, les éclairs déchirent le ciel. L'étudiant est trempé jusqu'à l'os. En voyant une ferme isolée, il prend courage et frappe à la porte.

Un vieil homme aux yeux tristes lui ouvre. Il ne semble pas remarquer la laideur de son hôte. Il l'accueille, le nourrit, l'invite à se réchauffer auprès du foyer, comme si l'étudiant était un visiteur de marque. Ce n'est que le lendemain qu'il demande :

– Excusez la curiosité d'un vieil homme… mais que faites-vous, en étudiant, dans ce pays perdu, si loin des écoles ?

– Je cherche la Montagne où le Ciel rencontre la Terre. On dit qu'on y trouve réponse à toute question… et je voudrais savoir pourquoi je suis si laid…

Le vieillard soupire.

– Chaque homme porte un malheur, dit-il. Moi, par exemple, j'ai une fille unique que j'aime par-dessus tout, mais la pauvre est muette. Voilà pourquoi j'habite si loin de tout village : pour que ma fille ne sache pas qu'elle est différente des autres… S'il vous plaît, lorsque vous aurez atteint la Montagne, pourriez-vous y demander pourquoi ma fille est muette ?

– Je vous apporterai la réponse à mon retour ! promet l'étudiant en continuant son voyage.

Le sentier passe à travers une forêt sombre et épaisse. Des oiseaux étranges sifflent. Des serpents silencieux glissent le long des arbres dont le feuillage cache le ciel. Des singes se balancent en ricanant* d'une liane à l'autre.

(à suivre p. 16)

** huissier*

Personne qui accueille les visiteurs.

** ricaner*

Rire de façon méprisante et stupide.

EXPLORATION DU TEXTE

1 Dresse oralement la carte d'identité du texte.

- Titre : ......
- Auteur : ......
- Éditeur : ......

2 Recherche dans le texte, les mots ou expressions que l'auteur utilise pour dire :

- chanson au rythme lent utilisée souvent pour endormir un enfant ;
- le héros a les vêtements complètement mouillés ;
- rechercher son chemin en touchant ce qu'il y a autour de soi pour se repérer quand on n'y voit pas.

3 Compte combien de fois tu trouves le mot :

- **étudiant page 14, puis page 16 ;**
- **montagne page 14, puis page 16.**

LANGAGE ORAL

1 ***Tu es un des trois personnages rencontrés par le jeune étudiant.***
Livre fermé, raconte pourquoi il se trouve dans la situation dans laquelle on le rencontre dans le conte.

COMPRÉHENSION DU TEXTE

1 Quel est l'événement qui déclenche toute l'histoire ?

2 ***Chaque personnage rencontré propose à l'étudiant de poser une question à la Montagne.***
Quelle est la question posée par le vieil homme ? par l'homme qui vit seul ? par la carpe ?

3 ***Chaque rencontre est provoquée par un événement.***
Quelle est la raison de la rencontre :

- du vieil homme et de l'étudiant ?
- de l'ermite et de l'étudiant ?
- de la carpe et de l'étudiant ?

4 Quel est le nombre de questions que l'étudiant devra poser à la Montagne ?

5 Pourquoi l'étudiant « *prend-il courage* » *(l. 51)* **lorsqu'il frappe à la porte de la ferme isolée ?**

6 Relève la partie du texte qui pourrait accompagner l'illustration de la page 14.

FONCTIONNEMENT DU TEXTE

1 Recopie et complète le tableau.

Quel est le héros de l'histoire ?	
Quel est le problème que le héros a à résoudre ?	
Quelles sont les aides que le héros rencontre ?	
Sait-on si le héros trouvera une solution à son problème ? Pourquoi ?	

2 Le récit est-il complet ou incomplet ? Justifie ta réponse.

3 Relève, dans la partie du texte comprise entre la ligne 130 « *Le voyageur…* » **et la fin, ce qui te paraît impossible dans le monde que tu connais.**

4 Recopie et complète le tableau.

Le texte débute par une formule traditionnelle.	
Où l'histoire se passe-t-elle ? À quelle époque l'histoire se passe-t-elle ?	
Les personnages sont-ils comme on peut les rencontrer dans la vie ? Pourquoi ?	
Celui qui raconte l'histoire est : • le héros de l'histoire, • l'auteur de l'histoire, • un personnage de l'histoire.	

La montagne aux trois questions

La montagne aux trois questions
Coll. « Petits contes de sagesse »
Béatrice Tanaka • *© Albin Michel Jeunesse*

(suite de la p. 14)

À la tombée de la nuit, lorsque l'étudiant se demande s'il ne finira pas dans le ventre d'un tigre, il débouche soudain dans une clairière, devant une petite hutte entourée d'un jardin merveilleux. Encouragé par l'accueil amical de la veille, il frappe à la porte.

– Sois le bienvenu ! C'est bien la première fois que j'ai un visiteur, s'écrie joyeusement l'ermite* qui ouvre. Entre, entre donc ! Et que se passe-t-il, pour qu'un étudiant se mette à parcourir cette forêt du bout du monde ?

– Je cherche la Montagne où le Ciel rencontre la Terre, pour demander pourquoi je suis si laid…

– À chaque homme son malheur ! soupire l'ermite. Même moi, qui vis retiré, je ne puis vivre complètement heureux. Ma grande joie, c'est mon jardin, et en son milieu, il y a trois orangers. Je les soigne tous trois avec autant d'amour, mais un arbre seulement porte des fleurs et des fruits, et les deux autres restent secs comme si c'était l'hiver toute l'année. Si tu arrives au sommet de la Montagne, pourrais-tu demander pourquoi deux de mes arbres chéris ne fleurissent jamais ?

– Je vous apporterai la réponse à mon retour ! dit l'étudiant, en quittant l'ermite le lendemain à l'aube.

La Montagne semble toute proche, mais il sait que la route sera longue.

La forêt finit. Le sentier a disparu.

L'œil fixé sur la Montagne entourée de nuages, l'étudiant grimpe parmi des rochers noirs et escarpés. Des traînées de brouillard flottent dans l'air silencieux. Il n'y a plus d'oiseaux, seul un aigle s'élève de temps en temps jusqu'à ces hauteurs.

Et puis un torrent bouillonnant* arrête l'avance du jeune homme. Les eaux sont profondes, rapides, tourbillonnantes. Impossible de les traverser à gué ou à la nage. Et il n'y a ni barque, ni pont, ni tronc d'arbre en vue. Le voyageur s'assoit sur une pierre et regarde le sommet qui se dresse devant lui. Les traînées de brouillard l'entourent, comme une ronde de jeunes filles moqueuses.

Devoir rebrousser chemin, si près du but…

– Tiens, tiens, il y a trois siècles que je vis ici, et voici le premier homme à parvenir si haut ! dit une voix étrange.

L'étudiant sursaute. Il regarde tout autour de lui mais ne voit personne. Là, dans l'eau, il n'y a qu'une vieille carpe gigantesque aux yeux écarquillés.

– Je me demande ce que tu cherches dans ce désert, dit la voix, tandis que la carpe fait des bulles d'air, une pour chaque mot.

Et bien que ce soit contraire à tout ce qu'il a appris sur les poissons, l'étudiant doit bien admettre que c'est elle qui parle.

– J'essaie d'atteindre le sommet de la Montagne pour poser une question, dit-il.

– Pourrais-tu en poser une aussi de ma part ?

– Volontiers.

– Et tu n'en riras pas ?

– On s'est trop souvent moqué de moi pour que j'ose me moquer de qui que ce soit.

– Alors, monte sur mon dos ! dit la carpe. Et, tout en nageant, elle ajoute : Toute carpe âgée de plus de cent ans peut devenir un dragon. Il suffit qu'elle saute par-dessus le pont qui se trouve en aval, et qu'on appelle le Pont-aux-Dragons. Tous mes amis l'ont déjà franchi, moi seule n'y arrive pas…

– J'en demanderai la raison, je le promets ! dit l'étudiant en sautant à terre.

– Bonne chance ! Je t'attendrai ici ! fait la carpe, en agitant sa queue en signe d'adieu. Le jeune homme disparaît dans le brouillard. Il grimpe en cherchant à tâtons son chemin parmi les rochers. Il escalade des parois lisses, monte de plus en plus haut, à travers pierrailles et nuages.

(…)

** ermite*

Personne qui se retire dans un lieu désert pour prier.

** bouillonner*

Faire de grosses bulles.

Les différents types de phrases

JE DÉCOUVRE

1 Lis les phrases ci-dessous.

– *C'est trop injuste ! pense l'étudiant en s'en allant, tête basse. Je ne l'ai quand même pas choisie, ma figure !* (l. 15 à 18)

– *… mais que faites-vous, en étudiant, dans ce pays perdu, si loin des écoles ?* (l. 58 à 60)

– *Alors, monte sur mon dos ! dit la carpe.* (l. 157)

Recopie la phrase surlignée en vert.
Écris en rouge par quoi elle se termine.
À quoi sert-elle ?
Retrouve dans le texte « *La montagne aux trois questions* » deux phrases qui se terminent de la même manière.

Reprends le même travail de recherche avec la phrase surlignée en jaune.

À quoi sert la phrase surlignée en bleu ?
Recherche dans le texte de la page 16, une phrase qui sert à la même chose.

2 Relève, page 14, trois phrases construites comme la phrase suivante.

• *Un soir, un orage terrible se déchaîne.* (l. 48)

JE RETIENS

On trouve quatre types de phrases :

• La phrase déclarative.
Elle débute par une majuscule et se termine par un point.
Ex : ***Personne ne le sait plus aujourd'hui.***

• La phrase interrogative.
On pose une question, on demande quelque chose. Elle se termine par un point d'interrogation (?).
Ex : ***Que faites-vous ?***

• La phrase exclamative.
On exprime une émotion, on manifeste l'étonnement. Elle se termine par un point d'exclamation (!).
Ex : ***Je t'attendrai ici !***

• La phrase impérative.
On donne un ordre. Elle se termine par un point ou par un point d'exclamation (!)
Ex : ***Venez avec moi. Entre donc !***

JE M'ENTRAÎNE

1 Recopie le texte suivant.
Souligne :

• en rouge, une phrase déclarative,
• en vert, une phrase interrogative,
• en jaune, une phrase exclamative.

– À chaque homme son malheur ! soupire l'ermite. Même moi, qui vis retiré, je ne puis vivre complètement heureux. Ma grande joie, c'est mon jardin, et en son milieu, il y a trois orangers. Je les soigne tous trois avec autant d'amour, mais un arbre seulement porte des fleurs et des fruits, et les deux autres restent secs comme si c'était l'hiver toute l'année.
Si tu arrives au sommet de la Montagne, pourrais-tu demander pourquoi deux de mes arbres chéris ne fleurissent jamais ?

2 Recopie un exemple de chaque type de phrase du texte « *Kabou a encore grandi* » page 10, chapitre 5.

phrase	type de phrase

3 Réécris le texte suivant en utilisant des phrases impératives.
Tu l'adresses à un(e) camarade.

Pour faire un masque…
Matériel : du carton, une baguette en bois, une paire de ciseaux, des feutres.
• Il faut d'abord dessiner une tête sur le carton.
• Ensuite colorier la tête.
• Puis découper autour de la tête en suivant le trait.
• Avec les ciseaux, faire les trous des yeux.
• Enfin mettre et coller la baguette derrière les masques.

4 Recopie et complète le tableau suivant l'exemple.

phrases déclaratives	phrases interrogatives	phrases impératives
Tu poses une question.	*Poses-tu une question ?*	*Pose une question.*
		Allez tout droit.
	Apportes-tu la réponse ?	
Nous escaladons la montagne.		

a – à / ont – on

JE DÉCOUVRE

1 Complète les phrases suivantes.

→ *a ou à ?* → *on ou ont ?*

• ...... devine pourquoi personne n'en veut. Il ...... le nez rouge. Il ...... les yeux de travers.
• ...... dit que dans la Montagne ...... trouve réponse ...... toutes questions.
• Un oranger ...... toujours des fruits et les deux autres n'...... jamais ni fleurs ni fruits.
• ...... qui s'adresse la carpe ?

AVOIR
j'**ai**
tu **as**
il/elle **a**
nous **avons**
vous **avez**
ils/elles **ont**

Explique comment tu as fait pour choisir.

JE RETIENS

a et ont sont deux personnes du verbe avoir conjugué au présent.
*Ex : **Il a le nez rouge. Ils n'ont jamais de fleurs.***
Pour reconnaître s'il s'agit, dans la phrase, du verbe, on change de personne.
Il a le nez rouge.** → **Nous avons le nez rouge.

JE M'ENTRAÎNE

1 Complète les phrases par a ou à.

• Kabou ...... encore grandi !
• Goro apparaît ...... la porte de sa case.
• Il croit ...... un cauchemar. Sa tête repose ...... l'entrée du village. Son corps ...... pris des dimensions importantes.
• Kabou ...... peur de faire mal ...... sa mère.
• Kabou se met ...... boxer les mastodontes.

2 Complète les phrases par on ou ont.

• De toute la journée ...... ne le revit point.
• Les éléphants ...... pris peur.
• ...... a barri, mais ...... n'a pas ri !
• Les palmes ...... rapidement desséché.
• Dans son dos, ... le traitait de despote.

3 Complète les phrases. Justifie entre parenthèses l'orthographe a ou ont par « verbe avoir ».

• La petite fille ...... peur.
• Il part ...... la montagne.
• ...... ne peut plus circuler.
• Les machines ...... envahi la chaussée.
• Les villageois ...... essayé d'empoisonner Kabou.

Les mots-étiquettes

JE DÉCOUVRE

1 Range les mots suivants par familles.
Trouve pour chacune d'elles un mot-étiquette.
Tu peux t'aider du dictionnaire.

→ *mangue – mulot – menuisier – voiture – couvreur – ananas – camion – plombier – boulanger – souris – banane – autobus – rat – orange – campagnol – tramway*

2 Trouve trois mots pour chaque mot-étiquette.

→ *boisson – oiseau – arbre – outil*

JE RETIENS

Les mots-étiquettes servent à nommer des mots d'une même famille.
légumes** → **radis – concombre – tomate – aubergine
mot-étiquette — *éléments de la famille*

JE M'ENTRAÎNE

1 Complète le texte suivant en utilisant les termes qui conviennent.

→ *articles de ménage : casseroles – poêles – cocottes-minute – passoires.*
→ *outils : pointes – marteaux – clous – tenailles.*

« Au petit outillage », on trouve de tout.
Les étagères garnies d'...... indispensables disputent la place aux ...... les plus divers : poêles, ..., ..., ...
Vous avez besoin de ...... de tailles diverses ou de clous pour votre bricolage ? Le petit magasin vous en propose.
Un ...... vous manque pour terminer votre travail ?
Allez donc « Au petit outillage ».
Les ménagères savent que, dans ce petit magasin de quartier, tous les ...... de première nécessité sont à leur disposition : les ...... de tailles diverses, les ...... pour cuire les crêpes, et même les ...... dernier cri.

Écrire un récit à partir de vignettes

J'ÉCRIS

1 **Pour chaque vignette ci-dessous, écris quelques phrases. Explique ce que tu vois et ce qui se passe.** ***Attention aux prénoms des deux enfants !***

2 **Écris quelques lignes pour raconter ce qui a pu se passer entre deux vignettes.**

3 **Utilise ces différentes petites productions pour construire un texte qui raconte la journée de Léo et Zoé.**

Conseils :

- ***Utilise un tableau de conjugaison pour écrire correctement les verbes et un dictionnaire pour vérifier l'orthographe des mots.***
- ***Utilise correctement la ponctuation et les majuscules.***
- ***Chaque personnage du récit doit être facilement reconnu par le lecteur.***

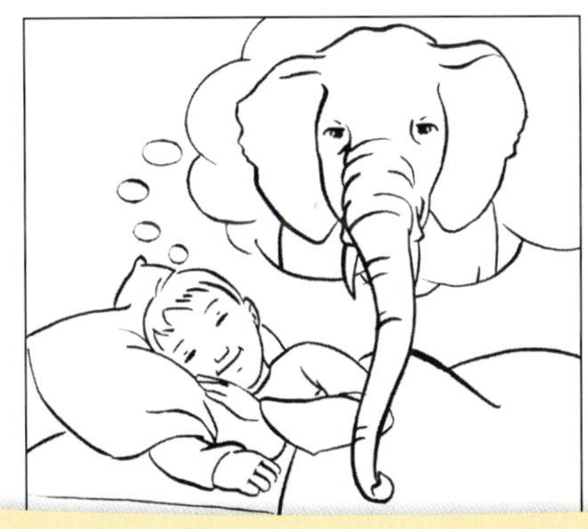

LE PETIT ATELIER DE PHILO

- *Quel est le problème de l'étudiant ?*
- *Que découvre-t-il au cours de son voyage ?*
- *Pourquoi est-il mieux accueilli chez les étrangers que chez lui ?*
- *La laideur nous fait-elle peur ?*
- *Quel est l'intérêt de demander « pourquoi » ?*
- *Les problèmes sont-ils utiles ?*
- *La réalité est-elle facile à accepter ?*

La pêche

Nous sommes en train de finir une fricassée* d'anguilles quand on frappe à la porte. C'est Ysengrin. Il est efflanqué* et a fort mauvaise mine.

– Bonjour, frère Renart, me dit-il. Aurais-tu quelques provisions à me prêter en attendant que je retrouve mes trois jambons ?

– Hélas non, frère loup ! Nous venons de finir notre dernier poisson…

En réalité, ami lecteur, j'ai caché une vingtaine d'anguilles dans le puits. Je n'allais quand même pas les suspendre au plafond !

… Par contre, je retourne à la pêche. Si tu veux me suivre, je connais un endroit fabuleux.

– Avec plaisir. Mais je n'ai ni canne à pêche, ni filet, ni épuisette.

– Pas besoin, frère loup. Je pêche avec un seau que j'attache à ma queue.

J'embrasse ma petite famille et je quitte Maupertuis accompagné d'Ysengrin. Il fait un froid terrible : la rivière charrie de gros blocs de glace et tous les lacs sont gelés.

– Nous n'attraperons jamais un poisson par ce temps ! constate Ysengrin.

– Au contraire ! Regarde, là-bas, cet étang. Les paysans ont fait un trou au milieu de la glace. Il suffit d'y plonger le seau et les poissons s'y précipitent. Tu vas voir, je vais te montrer.

– Pas question ! aboie Ysengrin, en me montrant les dents. C'est moi qui vais pêcher en premier.

– Comme tu veux.

– Tiens, attache-moi le seau après la queue. Je vais le plonger dans le trou. C'est bien comme cela que tu fais ?

– Exactement.

Je serre de toutes mes forces le seau après la queue d'Ysengrin et lui donne les derniers conseils :

– Assieds-toi au-dessus du trou et tiens-toi immobile une heure ou deux. Quand tu sentiras une foule de poissons dans le seau, relève-toi d'un seul coup.

– Je sais être patient, frère Renart, et j'attendrai que le seau soit bien plein.

Je laisse là Ysengrin et vais me cacher derrière un buisson pour guetter sa pêche.

Est-ce que je t'ai dit, ami lecteur, que la nuit commence à tomber ?

(à suivre p. 22)

** fricassée*

Plat d'anguilles coupées en morceaux et cuites à la casserole.

** efflanqué*

Grand et maigre.

EXPLORATION DU TEXTE

1 **Cherche combien de fois chaque personnage prend la parole.**

2 **Retrouve dans le texte :**
- une phrase interrogative,
- une phrase exclamative,
- une phrase impérative.

Lis chacune d'elles à tes camarades.

3 **Entre la ligne 1 et la ligne 48** « *… la nuit commence à tomber ?* »**, combien de fois vois-tu les noms Renart ? Ysengrin ?**

4 **Retrouve, dans le texte, les mots ou groupes de mots qui veulent dire :**
- un endroit où la pêche peut-être extraordinaire ;
- regarder attentivement pour surveiller ;
- lever un objet au-dessus de la tête d'un geste menaçant ;
- se sauver le plus vite que l'on peut.

LANGAGE ORAL

1 **Lis la phrase** « *Mais… queue !* » *(l. 90 à 92)* **sur une seule respiration.**
Reprends ensuite cette même phrase et marque les temps de reprise de respiration que tu crois nécessaires. Compare avec tes camarades.

COMPRÉHENSION DU TEXTE

1 **Recopie et complète le tableau.**

les personnages	
Qui sont-ils ?	Que sait-on d'eux ?

2 **À quoi servent les parties du texte écrites en italique ?**
Qui parle ?
À qui s'adresse celui qui parle ?

3 **Quel est le problème qui se pose à Ysengrin ?**

4 ***Renart veut tromper Ysengrin.***
Relève la phrase qui nous permet de le savoir dès le début du texte.

5 **Pourquoi Ysengrin aboie-t-il** « *Pas question !* » *(l. 39)* **?**

6 **Résume en quelques phrases le plan de Renart.**

7 ***Finalement Ysengrin dans son malheur a eu quand même beaucoup de chance.***
Pourquoi ?
Relève la phrase du texte qui justifie ta réponse.

8 **Quel est le personnage du texte que tu préfères ?**
Pourquoi ?
Justifie ton choix avec les éléments du texte.

FONCTIONNEMENT DU TEXTE

1 **Recopie le tableau et complète-le.**

	texte	Quels sont les personnages ?	Que se passe-t-il ?
1	de la ligne 1 *(Nous sommes…)* à la ligne 18 *(… à ma queue.)*		
2	de la ligne 19 *(J'embrasse…)* à la ligne 46 *(… pour guetter sa pêche.)*		
3	de la ligne 49 *(Et bien sûr…)* à la ligne 63 *(… j'arrive.)*		
4	de la ligne 64 *(Pauvre Ysengrin !)* à la ligne 81 *(… pour eux !)*		
5	de la ligne 85 *(Ysengrin…)* à la ligne 99 *(… miraculeuse !)*		

Note, en face de chaque titre ci-dessous, le numéro du tableau qui pourrait correspondre.
- Ysengrin pêche.
- Ysengrin rend visite à Renart.
- Les malheurs d'Ysengrin.
- Les préparatifs de la pêche.
- Ysengrin est pris au piège.

2 ***Entre la ligne 27 et la ligne 38***
Comment peut-on savoir quel est le personnage qui prend la parole ?

Relève les répliques qui utilisent :
- soit un élément du texte pour renseigner ;
- soit la réponse d'un personnage à la question de l'autre.

La pêche

La pêche • *dans* ***Moi, Renart*** • *Coll. « Lecture du soir »*
Julien Vergne • *© SEDRAP Jeunesse*

(suite de la p. 20)

Et bien sûr, avec la nuit, le froid augmente. Alors l'eau, autour de la queue d'Ysengrin, se change en glace. Ysengrin sent sa queue qui est pressée. Ses yeux pétillent* et je l'entends chantonner :

Tous les poissons dans ce seau en fer
Quelle belle pêche je vais faire !
J'attends encore une demi-heure
Et à moi les truites au beurre !
Quant à ce satané Renart
Il n'est pas près d'avoir sa part !

J'attends quelques minutes et je sors du buisson.
– Alors frère Ysengrin, la pêche est bonne ?
– Merveilleuse ! Le seau est plein, j'arrive.
Pauvre Ysengrin ! Il tire de toutes ses forces mais le trou s'est refermé et sa queue est prise dans la glace.
– Frère Renart, s'écrie-t-il, le seau est trop lourd. Je ne peux pas le remonter.

– Ah ! fais-je en riant, tu as voulu prendre trop de poissons !
– Viens m'aider au lieu de te moquer ! Nous partagerons.
– Comme les jambons ?
– Je t'ai dit mille fois qu'on me les a volés ! S'il te plaît, viens m'aider. Je crois que ma queue va casser !
– Impossible, frère Ysengrin ! J'entends les chiens de Maître Constant. Je vais essayer de les éloigner le temps que tu sortes ta pêche.
Je ne mens pas ! Les chiens se lancent à ma poursuite ; mais je suis bien trop malin pour eux !

Et Ysengrin ? me diras-tu, ami lecteur.

Ysengrin, c'est Maître Constant qui l'a délivré de la glace. En passant près de l'étang, il voit le loup et s'aperçoit qu'il est prisonnier de la glace. Alors, Maître Constant brandit* son épée en hurlant :
– Ce coup-ci, loup, tu es mort !
Mais dans sa précipitation, le malheureux chasseur glisse et son épée, au lieu de fendre la tête d'Ysengrin, lui coupe la queue ! Ce dernier, hurlant de douleur, prend ses jambes à son cou et s'enfonce dans la forêt.
Comment je sais ça ?
C'est Ysengrin lui-même qui me l'a raconté. Un Ysengrin tout honteux de n'avoir plus de queue et encore plus malheureux de n'avoir pas eu assez de forces pour remonter sa pêche miraculeuse !

** pétiller*
Briller d'un éclat vif.

** brandir*
Agiter en l'air pour mieux frapper.

Le verbe

JE DÉCOUVRE

1 Lis le texte suivant.

Ysengrin se rend chez Renart pour lui demander de l'aide. La semaine dernière on lui a volé les jambons suspendus aux poutres de sa maison.
Renart, lui, a pêché une vingtaine d'anguilles.
Il les a cachées dans un puits.
Renart a imaginé un plan : il emmènera Ysengrin à la pêche. Il lui proposera de pêcher dans un trou d'eau au milieu du lac gelé. Quand la nuit viendra, l'eau glacera et retiendra la queue du loup prisonnière. Ysengrin sera alors pris au piège.

Classe les groupes de mots surlignés dans le tableau ci-dessous.

Ce qui se passe au moment où l'on écrit.	
Ce qui s'est déjà passé. Souligne le (ou les) mot(s) qui annonce(nt) que l'action est déjà passée.	
Ce qui se passera plus tard. Souligne le (ou les) mot(s) qui annonce(nt) que l'action se passera plus tard.	

2 ***L'homme entre dans la cuisine, ouvre le buffet, prend le pain et coupe une tranche épaisse.***
Réécris la phrase en débutant par :

- Hier …
- Demain …

Que remarques-tu ?

JE RETIENS

Dans une phrase, le verbe est le mot essentiel du groupe verbal.

*Ex : **Renart a pêché une vingtaine d'anguilles.*** (verbe : a pêché ; groupe verbal : a pêché une vingtaine d'anguilles)

Les verbes servent à situer les événements dans le temps par rapport au moment où l'on écrit :

- ***maintenant*** *(présent)* → *Ex :* ***Ysengrin se rend chez Renart.***
- ***avant*** *(passé)* → *Ex :* ***On lui a volé les jambons.***
- ***après*** *(futur)* → *Ex :* ***L'eau glacera.***

JE M'ENTRAÎNE

1 Range les mots suivants dans le tableau.

→ *clocher – danser – scier – rocher – loisir – grandir – fakir – rugir – rasoir – manoir – avoir – revoir – ventre – prendre – fondre – cendre*

noms	verbes

2 Recopie les phrases et barre ce qui ne convient pas.

- La veille, Renart [a pêché / pêchera] quelques anguilles.
- Il les [cachera / a cachées] au fond du puits.
- Quand tu [sentiras / as senti] une foule de poissons dans le seau, tire !
- Je [te dirai / t'ai dit] quand tu devras te relever.
- Quand monsieur Constant [a vu / verra] Ysengrin s'enfuir, il le poursuivra.

3 Recopie le texte.
Souligne en bleu ce qui s'est passé avant l'écriture de la lettre, en vert ce qui se passera après.

Cher Ysengrin,
Hier nous nous sommes quittés précipitamment.
Maître Constant a couru après toi et tu as disparu dans la campagne sans un salut.
Je t'écris pour t'inviter à manger quelques poissons.
Je les prépare à l'instant.
Je t'attendrai aux environs de midi. Ton couvert sera mis et je te recevrai à ma table avec grand plaisir.
Renart

4 Réécris les phrases ci-dessous dans les deux situations suivantes.
1) La scène se passe au moment où l'on écrit.
2) La scène se passera plus tard.

La famille arrivait, les voisins et les amis suivaient à peu de distance. Les enfants allaient devant.
Le père et la mère ne se pressaient pas.

et – est / son – sont

JE DÉCOUVRE

1 Complète les phrases suivantes.

- Ysengrin ...... efflanqué ...... a fort mauvaise mine.
- J'embrasse ma petite famille ...... je quitte Maupertuis.
- Mes anguilles ...... en lieu sûr ...... je pars tranquille.
- Je place frère loup et ...... seau au-dessus du trou ...... je vais me cacher derrière les buissons qui ...... tout près.

ÊTRE
je **suis**
tu **es**
il/elle **est**
nous **sommes**
vous **êtes**
ils/elles **sont**

Que remarques-tu ?

JE RETIENS

Est et sont sont deux personnes du verbe être conjugué au présent.
*Ex : Ysengrin **est** efflanqué. Les poissons **sont** là.*
Pour reconnaître s'il s'agit, dans la phrase, du verbe être, on change de personne.
*Ex : Ysengrin **est** efflanqué → Je **suis** efflanqué.*

JE M'ENTRAÎNE

1 Recopie et complète les phrases par et ou est.

- J'attends quelques minutes ...... je sors.
- Le seau ...... plein, j'arrive !
- Sa queue ...... prise dans la glace.
- Le seau ...... trop lourd ...... je ne peux le remonter.
- Le loup hurle ...... s'enfuit dans la forêt.

2 Recopie et complète les phrases par son ou sont.

- Les anguilles ...... cachées dans le puits.
- Ysengrin n'a pris ni ...... filet ni ...... épuisette.
- Pendant ce temps, ... seau et sa queue ...... pris dans la glace.
- Les cris du loup ...... inutiles.

3 Complète les phrases. Justifie l'orthographe de est et sont en écrivant entre parenthèses « verbe être ».

- Le loup ...... prisonnier ...... Maître Constant brandit ...... épée.
- Les chiens de Maître Constant ne ...... pas loin.
- Ysengrin fredonne ...... refrain.
- Renart ...... malin.

L'ordre alphabétique

JE DÉCOUVRE

1 Observe la suite de mots ci-dessous.

→ *Alain – bébé – calme – dodu – et – fantaisiste*

Recopie la liste en écrivant en rouge la première lettre de chaque mot. Que remarques-tu ?

2 *Les mots suivants sont rangés dans l'ordre alphabétique.* Comment a-t-on fait ?

→ *pierre – plante – pomme – prénom –puceron*

JE RETIENS

Pour ranger des mots dans l'ordre alphabétique, il faut observer la première lettre du mot. Si celle-ci est la même, il faut observer la deuxième, puis la troisième,…

JE M'ENTRAÎNE

1 Range les mots suivants dans l'ordre alphabétique.

→ *poisson – corbeau – ours – bête – moineau – roitelet*

2 Cherche dans le dictionnaire le premier mot qui commence par « ph ».
Quel est le mot qui vient avant ? qui vient après ?

3 Retrouve et recopie l'intrus de chaque liste.

→ *balance – carotte – purée – espoir – foire*
→ *nain – néant – note – nylon – numéro*

4 Range les mots suivants dans l'ordre alphabétique.

→ *enfer – estime – eau – élastique – échantillon – éprouver*
→ *rude – rayon – sort – ride – ronce – repas*

Réécrire la fin d'un récit

J'ÉCRIS

1 ***Les préparatifs de la pêche***
Range les propositions suivantes dans l'ordre du récit.

A ↪ Renart se cache.
B ↪ Ysengrin s'approche du trou.
C ↪ Ysengrin chantonne.
D ↪ Renart fixe le seau à la queue du loup.
E ↪ Ysengrin s'assied près du trou.

2 ***La pêche***
La rencontre de Maître Constant et d'Ysengrin.
Range les propositions suivantes dans l'ordre du récit.

A ↪ L'épée coupe la queue d'Ysengrin.
B ↪ Maître Constant glisse.
C ↪ Maître Constant aperçoit Ysengrin prisonnier de la glace.
D ↪ Ysengrin s'enfuit.
E ↪ Maître Constant s'élance, son épée en avant.

3 **Réécris la fin de l'histoire.**

Voyant Maître Constant se précipiter vers Ysengrin l'épée menaçante, Renart décide de se porter au secours de frère loup.

Conseils :

• La présence d'un troisième personnage (Renart) doit être effective dans la modification de la fin de l'histoire.

• Choisis une fin heureuse ou malheureuse.

• Utilise un tableau de conjugaison pour écrire les verbes et un dictionnaire pour vérifier l'orthographe des mots quand tu hésites.

• Attention à l'utilisation correcte de la ponctuation et des majuscules.

LE PETIT ATELIER DE PHILO

- *Pourquoi Renart et Ysengrin se fréquentent-ils ?*
- *Renart a-t-il raison de jouer un tour à Ysengrin ?*
- *Pourquoi Ysengrin se laisse-t-il berner par Renart ?*
- *Lequel des deux personnages est le plus fourbe ?*
- *Pourquoi aimons-nous jouer des tours aux autres ?*
- *Faut-il faire confiance à ses amis ?*
- *T'arrive-t-il de mentir pour arriver à tes fins ?*

L'Indien qui n'avait plus de nom

Dans le campement crow*, Petite Étoile vient de mettre au monde un garçon. Le père, Tonnerre Grondant, est fou de joie. Il court de tipi en tipi faire admirer son fils…

Toute la tribu souhaite à l'enfant force et bravoure. Puis parents et amis se réunissent dans la tente du chef car il est temps de lui donner un nom.

Les ancêtres de Tonnerre Grondant ont toujours été des guerriers valeureux, fidèles au clan de l'Ours. Aussi, le grand-père propose d'appeler l'enfant « Ours Guerrier », ce qui est fait.

Hélas, le garçon grandit mais reste chétif. Ses parents ont beau le nourrir de viande de bison et de cervelle d'ours, l'enfant se montre peu doué pour la chasse et les combats. Il préfère passer ses journées à rêver dans les bois et à discuter des heures entières avec les Anciens.

À 15 ans, Ours Guerrier est un grand garçon maigre, triste et tout pâle. Tonnerre Grondant, un peu inquiet, fait venir le vieux Samani, l'homme-médecine de la tribu. Samani serre l'adolescent contre sa poitrine, ferme les yeux… et les esprits parlent par sa bouche.

– Ce garçon est malade parce qu'il ne porte pas le nom qui lui convient. Il faut qu'il en change au plus vite. Mais auparavant, il doit aller rendre le nom d'« Ours Guerrier » au grand ours noir de la forêt. En attendant, il s'appellera Petit Indien.

Les parents du garçon savent que le voyage sera difficile, mais les ordres du sorcier ne se discutent pas. Le soir même, Petit Indien prépare son paquetage et prend le chemin des sous-bois.

[…]

Au matin du quatrième jour, en se remettant en chemin, il aperçoit enfin les traces qu'il cherchait. Il suit les empreintes qui le mènent près d'une caverne où l'attend l'ours noir, dressé sur ses pattes arrière. Avec courage, l'adolescent l'interpelle :

– Je suis venu te rendre ton nom. Je respecte les ours, leur bravoure et leur force, mais je ne suis pas né pour leur ressembler.

La bête s'approche tout près de lui. Le garçon n'a pas peur. Il se sent soulagé et comprend que c'est bien ce nom qui l'étouffait. L'ours le fixe avec bienveillance.

– Dans le grand univers, il y a place pour tous : pour l'ours comme pour le cerf, pour le merle comme pour la fourmi. Mais celui qui est né pour être un oiseau ne doit pas prendre les griffes du chat sauvage.

– Me conseilles-tu de me placer sous la protection du peuple du ciel ?

– Je ne peux pas te répondre. Ce n'est pas mon rôle dans l'ordre des choses. Dirige-toi vers la Montagne-de-l'aigle ! Un de tes ancêtres y vient parfois pour méditer. Peut-être pourra-t-il t'aider ?

Petit Indien remercie le grand ours noir et se remet en chemin.

Il grimpe sur les hauteurs. Plus il avance, plus il se sent devenir léger, comme s'il se dégageait d'une vieille peau.

La nuit arrive. Il établit son campement au milieu des rochers et s'endort profondément. Durant son sommeil, Oiseau Tonnerre, l'un des plus valeureux chefs de l'histoire de sa tribu, vient le visiter en rêve. L'adolescent en a beaucoup entendu parler par les Anciens.

(à suivre p. 28)

** Crows*

Indiens de l'Amérique du Nord. Les Crows (en français, les Corbeaux) étaient une tribu indienne qui chassait le bison dans les grandes plaines de l'Ouest américain.

EXPLORATION DU TEXTE

1 Combien de paragraphes y a-t-il entre la ligne 1 et la ligne 32 ?
Pour chacun d'eux, donne le premier et le dernier mot.

2 Pour chaque prise de parole page 26, donne le nom du personnage qui intervient.

3 Retrouve page 28, le mot ou groupe de mots utilisé par l'auteur pour dire :
- de très bonne heure ;
- réduire en poudre ;
- faire attention.

4 Retrouve dans le texte, le plus rapidement possible :
- une phrase interrogative,
- une phrase exclamative,
- une phrase impérative.

LANGAGE ORAL

1 Reprends les paroles de Samani page 26.
Dis-les à tes camarades comme tu penses que les dirait l'homme-médecine.
Comparez les différentes interprétations.

COMPRÉHENSION DU TEXTE

1 Pourquoi le nom de « *Ours Guerrier* » ne convient pas à l'enfant ?

2 Pourquoi le jeune enfant doit-il entreprendre ce long voyage ?

3 Pourquoi l'enfant se sent-il « *soulagé* » *(l. 54)* après sa rencontre avec l'ours noir ?

4 Comment le jeune Indien s'y prend-il pour ne pas oublier les récits entendus ?

5 Relève dans le texte tous les termes ou expressions qui te font penser aux Indiens.

6 Ce récit est-il complet ou incomplet ?
Justifie ta réponse avec des éléments du texte.

7 Que penses-tu du titre donné à ce récit ?
Convient-il ? Justifie ta réponse.

8 Retrouve quelques lignes du texte qui pourraient accompagner l'illustration de la page 28.

FONCTIONNEMENT DU TEXTE

1 Réécris l'histoire en remettant dans l'ordre chronologique les phrases ci-dessous.

1 → Le jeune Indien rencontre le vieux chef Oiseau Tonnerre.
2 → Le jeune Indien rencontre Samani, l'homme médecine.
3 → Le jeune Indien est fêté à son retour.
4 → Le jeune Indien rencontre le grand corbeau.
5 → Le jeune Indien rencontre l'ours noir.
6 → Le jeune Indien grimpe vers le sommet de la Montagne-de-l'aigle.

2 Réécris le texte ci-dessous, en ajoutant la phrase suivante.

→ *Petit Indien découvre des empreintes.*

Petit Indien prend le chemin des sous-bois.
Après une longue marche, il construit une hutte et il reste sur place trois jours et trois nuits. Au matin du quatrième jour il suit les traces jusqu'à une caverne.

3 Relève dans la liste ci-dessous, les animaux que le jeune Indien a réellement rencontrés au cours de son voyage.

→ *un bison – un cerf – un ours – un merle – des chevaux – un corbeau – des fourmis – un chat sauvage*

L'Indien qui n'avait plus de nom

L'Indien qui n'avait plus de nom
dans ***Histoire d'Indiens*** *• Coll. « Lecture en tête »*
Michel Piquemal • *© SEDRAP Jeunesse*

(suite de la p. 26)

Le vieil homme s'assoit près de lui, dans la douce chaleur du feu de la tente et il se met à parler… Il décrit l'épopée de son peuple depuis ses origines. Toute la nuit, ce ne sont que récits fabuleux de chasses et de combats. Le fils de Petite Étoile et de Tonnerre Grondant écoute, fasciné.

Au petit matin, il s'enhardit à questionner le vieux chef :

– Valeureux chef, toi qui viens du Pays des Ombres, tu n'ignores pas qui je suis et tu sais que j'ai perdu mon nom. Peux-tu m'aider à trouver ce nom que je cherche ?

– Le nom que tu porteras, ce n'est pas à moi de te le donner. C'est à toi de t'en rendre digne. Pour cela, n'oublie rien de ce que je t'ai raconté. Maintenant, va au sommet de la montagne. C'est là que ton destin t'attend.

À son réveil, Petit Indien cherche une idée pour ne pas oublier les récits d'Oiseau Tonnerre.

À l'aide de son couteau, il découpe de minces feuilles d'écorce de bouleau. Il écrase des plantes fraîches pour se procurer un jus coloré. Puis, à l'aide d'un bout de bois, il grave, sous forme de dessins, les exploits de ses ancêtres. […]

Il passe plusieurs jours à rechercher de nouvelles teintures. Il broie des pierres jaunes, ocres et blanches.

Ainsi, dispose-t-il bientôt de plusieurs couleurs pour peindre le récit du grand chef. Avec de nouvelles écorces, il se remet à la tâche.

La nuit, l'esprit d'Oiseau Tonnerre vient lui donner mille autres détails sur le nombre de chevaux volés, de guerriers tués au combat…

Petit Indien multiplie les dessins et les signes. Lorsqu'il a gravé toute la mémoire de son peuple, Petit Indien roule ses feuilles d'écorce, les fixe sur ses épaules et reprend le chemin qui mène au sommet…

Il a hâte de savoir enfin… Mais la montagne est haute et le sentier est difficile. Il doit l'escalader en prenant garde de ne pas tomber. Quand il parvient tout en haut de la dernière plate-forme, il découvre un immense bouleau sur lequel est perché un grand corbeau.

Sans hésiter, il se dirige vers l'animal, totem de sa tribu :

– Assieds-toi et écoute-moi ! lui ordonne l'oiseau protecteur.

Et il se met, lui aussi, à parler… comme ces conteurs qui viennent parfois dans les camps et font jaillir les rêves dans le cœur des jeunes braves. Il lui décrit la naissance de l'océan, celle des plaines et des montagnes. Il raconte comment vinrent les plantes et les animaux, et comment naquit le premier couple qui allait fonder la tribu des Crows.

Tout en écoutant le récit, l'adolescent grave les signes qui lui permettront de ne rien oublier.

Lorsque le grand corbeau s'envole enfin majestueusement vers le ciel, Petit Indien a déjà tracé tous les récits. Il est prêt à retourner vers les siens.

À son arrivée au campement, après dix lunes de marche, Samani vient à sa rencontre. Le vieil homme-médecine déplie avec soin les rouleaux d'écorce et son visage s'illumine.

Il fait appeler Tonnerre Grondant et lui demande d'organiser un banquet pour fêter le retour de l'adolescent.

– Ton fils nous rapporte l'histoire de notre peuple et nous devons l'honorer comme il se doit. Ce soir, après les chants et les danses, il recevra son nouveau nom, celui que le Grand Esprit m'a enseigné…

Si vous allez en pays crow, on vous montrera encore les superbes écorces peintes par un ancêtre qui avait enfin trouvé son nom : MÉMOIRE DE LA TRIBU !

L'infinitif et le verbe conjugué

JE DÉCOUVRE

1 Lis le texte ci-dessous.

Dans le campement crow, Petite Étoile vient de mettre au monde un garçon. Le père, Tonnerre Grondant, est fou de joie. Il court de tipi en tipi faire admirer son fils. Toute la tribu souhaite à l'enfant force et bravoure. Puis parents et amis se réunissent dans la tente du chef car il est temps de lui donner un nom.

Classe les mots surlignés dans le tableau.

verbes du texte	nom du verbe
vient	venir

Relève les autres verbes du texte.
Que peux-tu dire de ces verbes ?

2 Lis le texte ci-dessous.

– Le nom que tu porteras, ce n'est pas à moi de te le donner. C'est à toi de t'en rendre digne. Pour cela, n'oublie rien de ce que je te raconte. Maintenant, va au sommet de la montagne. C'est là que ton destin t'attend.
À son réveil, Petit Indien cherche une idée pour ne pas oublier les récits d'Oiseau Tonnerre.

Avec les mots surlignés, complète le tableau.

verbes du texte conjugués	nom du verbe (infinitif)	infinitifs du texte

Relève d'autres verbes de la page 28, et classe-les dans le tableau.

JE RETIENS

On désigne le verbe par son infinitif.
*Ex : **mettre – faire***
Dans une phrase, le groupe verbal est le plus souvent accompagné d'un groupe sujet.
On dit alors qu'il est conjugué.

verbe → ***souhaiter*** *(infinitif)*
*Ex : **Toute la tribu souhaite à l'enfant force et bravoure.***
GS : Toute la tribu — *GV* : souhaite à l'enfant force et bravoure

JE M'ENTRAÎNE

1 Classe ces verbes en deux ensembles.

→ écouter – je parle – nous pensons – peindre – mangeons ! – il copie – grossir – s'ennuyer – tourne ! – ils boivent – vous écrivez – recevoir – elles viennent

2 Recopie le texte et indique après chaque verbe s'il s'agit de l'infinitif ou du verbe conjugué.

Mais la montagne est haute et le sentier est difficile.
Il doit prendre garde de ne pas tomber.
Quand il parvient tout en haut de la dernière plate-forme, il découvre un immense bouleau, avec un grand corbeau sur sa plus haute branche.
Sans hésiter, il se dirige vers l'animal, totem de sa tribu :
– Assieds-toi et écoute-moi ! lui ordonne l'oiseau protecteur.
Et il parle… comme ces conteurs qui viennent parfois dans les camps. Il lui décrit la naissance de l'océan, celle des plaines et des montagnes.

3 Relie chaque phrase à l'infinitif qui convient.

Tu repeins la façade de la maison. •	• être
Nous partageons notre repas. •	• avancer
Les animaux avancent péniblement. •	• louer
La route est longue. •	• devenir
Tu deviens une grande personne. •	• repeindre
Le vieil homme déplie le rouleau. •	• déplier
Nous louons un bel appartement. •	• partager
J'ai beaucoup de chance. •	• avoir
Nous irons à la pêche •	• chasser
Ils chassent les animaux sauvages. •	• aller

4 Recopie le texte suivant et donne l'infinitif des verbes soulignés.

La nuit arrive (……). Il établit (……) son campement au milieu des rochers et s'endort (……) profondément. Durant son sommeil, Oiseau Tonnerre vient (……) le visiter…
Le vieil homme s'assoit (……) près de lui, dans la douce chaleur du feu de la tente, et il se met (……) à parler. Il décrit (……) l'épopée de son peuple.

se (s') – ce (c')

JE DÉCOUVRE

1 Dans les phrases suivantes, souligne les mots se (s') ou ce (c') qui ont la même prononciation. Complète ensuite le tableau.

Ce jour-là Renart finissait son repas. On frappe à la porte. Il se lève et va ouvrir à ce visiteur. C'est Ysengrin. Le loup vient demander à son voisin quelque nourriture. Renart se méfie de ce loup qui souvent essaie de se nourrir à ses dépens. Il se montre aimable et se propose d'emmener ce voisin sur ce lieu de pêche qu'il connaît.

se ou ce s'ou c'	mot qui suit	
	nom	verbe

Que remarques-tu ?

JE M'ENTRAÎNE

1 Complète les phrases par se (s') ou ce (c').

...... récit raconte l'histoire d'un loup qui ...... trouve être affamé et qui ...... rend donc chez ...... diable de Renart malin. Il ...... lève de bonne heure et frappe à la porte de ...... voisin qu'il connaît depuis longtemps. Renart ...... méfie et ......'attend à un mauvais tour du loup. ...... ne serait pas la première fois que le loup essaierait de ...... moquer de lui.

2 Relie chaque mot souligné au mot qui l'accompagne. Note entre parenthèses, s'il s'agit d'un nom ou d'un verbe.

Ce seau pèse vraiment trop. Les poissons se précipitent et se laissent prendre. Ce Renart est bien ce grand filou que tout le monde connaît. Alors que le loup se débat avec son seau, le renard se cache derrière un buisson.

JE RETIENS

Pour reconnaître s'il s'agit de se (s') dans une phrase :
• se (s') est toujours placé devant un verbe ;
Ex : ***ils se balancent.***
• si on change de personne, se (s') peut se remplacer par me (m') – te (t'). Ex : ***Je me balance.***

On écrit ce (c') :
• devant un nom ou un groupe nominal ;
Ex : ***Ce Renart est malin.***
• devant le verbe être quand il veut dire cela.
Ex : ***C'est fini. → Cela est fini.***

Ranger dans l'ordre alphabétique

JE DÉCOUVRE

1 Range les mots de chaque liste dans l'ordre alphabétique. Rédige quelques phrases pour expliquer à tes camarades comment tu fais.

→ *valeureux – bravoure – admirer – inquiet – fidèle*
→ *santé – soixante – site – sens – spectre – science*
→ *moment – mode – mohair – mobile – moelle*

JE RETIENS

Pour ranger dans l'ordre alphabétique des mots qui débutent par la même lettre on s'intéresse à la deuxième lettre.
Ex : ***santé – site – soixante***
Quand les mots à ranger ont les deux premières lettres identiques on s'intéresse à la troisième.
Ex : ***mobile – mode – moment***

JE M'ENTRAÎNE

1 Complète par des mots qui se situent entre les deux mots donnés.
Tu peux utiliser le dictionnaire.

• région – ...... – tente
• bois – ...... – forêt
• aide – ...... – ancêtre
• jaune – ...... – jeune
• bouleau – ...... – bout
• couler – ...... – couteau

2 Recherche, dans le texte de la ligne 1 à la ligne 12, un mot qui se situe entre les deux mots donnés.

• bravoure – ...... – courir
• garçon – ...... – joie
• temps – ...... – tribu

3 Range dans l'ordre alphabétique les mots :

• *« Au matin du quatrième jour… » (l. 44).*
• *« Je suis venu te rendre ton nom. » (l. 50).*

Écrire un dialogue

J'ÉCRIS

1 Souligne dans le texte les paroles que peuvent prononcer les deux personnages.

Ours Guerrier arrive près de la caverne où l'attend l'ours noir. Il lui dit qu'il est venu pour lui rendre son nom.
La bête s'approche du jeune garçon. Elle lui dit que dans le grand univers il y a de la place pour tous.
Le jeune Indien demande alors si l'ours noir lui conseille de se placer sous la protection du peuple du ciel.
Mais l'ours noir précise qu'il ne peut pas répondre.
Dirige-toi vers la Montagne-de-l'aigle, lui conseille-t-il.

Réécris le texte ci-dessus en faisant apparaître les dialogues.

Conseils :

- ***Avant de débuter l'écriture, observe dans ton manuel, quelle ponctuation il faut utiliser pour indiquer qu'un personnage prend la parole.***
- ***Utilise un tableau de conjugaison pour écrire les verbes qui sont modifiés par l'écriture du dialogue.***
- ***Attention à la ponctuation et aux majuscules.***

2 Écris un texte à partir de l'image ci-contre, en mettant en évidence les dialogues entre les trois personnages.

3 Réécris ce texte en faisant apparaître les dialogues.

Mon poil hérissé et ma langue pendante semblent les apitoyer. Que t'arrive-t-il ? me demande Ysengrin. Ça ne va pas ? Non, je ne me sens pas très bien. Tu m'as l'air de mourir de faim ! Non, ce n'est pas ça. J'ai dû attraper une maladie, dans les bois. Maladie ou pas, il faut que tu manges ! insiste Ysengrin qui se tourne vers Dame Hersent. Apporte-lui un plat de rognons et de rate. C'est excellent pour la santé. Moi, ce que je préférerais plutôt, ce sont les trois jambons suspendus au plafond et que j'ai tout de suite reniflés et vus en entrant chez Ysengrin.

Conseils :

- ***Avant de débuter l'écriture, repère les paroles prononcées par les personnages.***
- ***Attention à la ponctuation et aux majuscules.***

LE PETIT ATELIER DE PHILO

- *Pourquoi le jeune Indien veut-il changer de nom ?*
- *Pourquoi doit-il partir de chez lui ?*
- *Comment a-t-il découvert son nouveau nom ?*
- *Qu'apprend-il au cours de son voyage ?*
- *Faut-il toujours écouter les plus grands que soi ?*
- *Es-tu encore toi-même si tu changes de nom ?*
- *Es-tu toi-même à chaque instant ?*

Les oreilles merveilleuses

Sophie a été enlevée de son orphelinat et emmenée au pays des géants. Terrifiée, elle se demande de quelle façon elle va être dévorée. Mais heureusement, elle est tombée entre les mains d'un géant qui se nourrit de légumes : le Bon Gros Géant…

Lorsqu'ils furent rentrés dans la caverne, le Bon Gros Géant posa de nouveau Sophie sur l'immense table.

– Tu es sûre d'avoir bien chaud dans ta chemisette ? demanda-t-il, tu n'es pas trop frisquette ?

– Je me sens très bien, assura Sophie.

– Je ne peux pas m'empêcher de penser à tes pauvres parents, dit alors le BGG, à l'heure qu'il est, ils doivent être à trettiner et tropigner de large en long dans toute la maison en criant : « Ohé, ohé, où est Sophie ? »

– Je n'ai pas de parents, dit Sophie, ils sont morts tous les deux quand j'étais encore bébé.

– Oh, pauvre petite mouflette ! s'écria le BGG, et ils te manquent beaucoup ?

– Pas vraiment, répondit Sophie, je ne les ai jamais connus.

– Tu me rends tout triste, dit le BGG, en se frottant les yeux.

– Ne soyez pas triste, le consola Sophie, personne ne se fera beaucoup de souci pour moi. La maison d'où vous m'avez enlevée, c'est l'orphelinat du village. Il n'y a là que des orphelins.

– Tu es une norpheline ?

– Oui.

– Et combien y en avait-il avec toi ?

– Nous étions dix, répondit Sophie, rien que des petites filles.

– Tu étais heureuse, là-dedans ? demanda le BGG.

– Oh non ! J'avais horreur de cet endroit ! assura Sophie, la directrice s'appelait Mme Clonkers et si jamais elle nous prenait à faire quelque chose d'interdit comme de se lever la nuit ou d'oublier de plier ses affaires, elle nous punissait.

– Qu'est-ce qu'elle vous donnait comme punition ?

– Elle nous enfermait dans une cave toute noire, pendant un jour et une nuit, sans nous donner ni à manger ni à boire.

– Oh ! L'effroyable vieille scrofule ! s'exclama le BGG.

– C'était horrible, poursuivit Sophie, nous étions terrifiées. Il y avait des rats, là-dedans, on les entendait trottiner partout.

– La répugnante vieille tournebulle ! s'indigna le BGG, c'est la chose la plus abominable que j'ai entendue depuis des années ! Ça me rend plus triste que jamais !

Tout aussitôt, une énorme larme qui eût suffi à remplir un seau roula sur la joue du BGG et tomba avec un grand floc, en faisant une grosse flaque.

[…]

– Ce qui me chagrine, moi, reprit Sophie, c'est d'avoir à rester dans cet endroit épouvantable jusqu'à la fin de mes jours. L'orphelinat était tout à fait détestable, mais au moins, je n'y aurais pas passé toute ma vie.

– Tout est de ma faute, se lamenta le BGG, c'est moi qui t'ai kidnattrapée. Et une autre larme tout aussi énorme jaillit à nouveau de son œil puis s'écrasa bruyamment sur le sol.

[…]

Il y eut quelques instants de silence dans la caverne.

Enfin, Sophie reprit la parole :

– Puis-je vous poser une question ? demanda-t-elle.

Le BGG essuya ses larmes d'un revers* de main et posa sur Sophie un long regard pensif.

– Vas-y, dit-il.

– Voulez-vous me dire ce que vous faisiez dans notre village la nuit dernière ? Pourquoi avez-vous glissé cette longue trompette par la fenêtre des enfants Goochey pour ensuite souffler dedans ?

(à suivre p. 34)

** revers de main*

Dos de la main.

EXPLORATION DU TEXTE

1 Relève dans le texte :
- une phrase interrogative,
- une phrase déclarative,
- une phrase exclamative.

2 Qui parle le premier ? Qui parle le dernier ?

3 Construis oralement la carte d'identité du texte.
- Auteur : ......
- Titre du texte : ......
- Titre du livre dont est extrait le texte : ......
- Éditeur : ......

4 Dans la page 34, retrouve le plus rapidement possible les mots suivants et indique le numéro de la ligne dans laquelle tu les as repérés.

→ *fabriquer – hommes de terre – bourdonnements*

LANGAGE ORAL

1 Choisis un passage du texte que tu lis à tes camarades.
Fais une deuxième lecture en tenant compte des observations.

COMPRÉHENSION DU TEXTE

1 Relève les termes ou les expressions qui montrent que Sophie est confrontée à un géant.

2 Pourquoi Sophie se trouve-t-elle avec le BGG (Bon Gros Géant) ?

3 Où se trouvait Sophie avant son enlèvement ?

4 Pourquoi Sophie ne regrette-t-elle pas d'avoir été enlevée ?

5 Pourquoi peut-on dire que ce géant est un bon gros géant ?

6 *Sophie est émue deux fois par le géant.*
À quelles occasions ?

7 Comment le BGG peut-il percevoir les rêves ?

8 *Le BGG utilise parfois des mots bizarres.*
Relève-les et explique comment ils sont formés.

9 Justifie le titre du texte « *Les oreilles merveilleuses* ».

FONCTIONNEMENT DU TEXTE

1 Recopie les parties du texte de la page 32 qui ne sont pas des dialogues.

2 *Entre la ligne 1 et la ligne 41*
Combien comptes-tu de répliques ?
Combien comptes-tu de répliques pour chaque personnage ?

3 *Entre la ligne 1 et la ligne 30*
Pour chaque réplique, relève le verbe qui introduit le nom du personnage qui parle.
Qu'apportent ces verbes ?

4 Fais la même recherche pour les répliques comprises entre la ligne 124 « *Peut-être...* » et la ligne 143 « *... j'en ai des milliers.* ».

5 Lis la réplique suivante.

– Tu pourrais en parler aux autres géants. (l. 99)

Comment sais-tu quel est le personnage qui prononce ces paroles ?

6 *Entre la ligne 47 et la ligne 60*
Complète le tableau.

les personnages qui interviennent	une phrase prononcée par chaque personnage	verbe qui introduit le nom du personnage

7 Fais la même recherche pour le texte compris entre la ligne 148 « *Les rêves...* » et la fin.

Les oreilles merveilleuses

Les oreilles merveilleuses • *dans* ***Le Bon Gros Géant***
Coll. « Folio Junior » • Roald Dahl • *© Gallimard*

(suite de la p. 32)

– Ah, ah ! s'écria le BGG en se redressant soudain sur sa chaise, voilà qu'on devient plus curieux qu'une fouine !

– Et la valise que vous portiez ? demanda Sophie, à quoi tout cela pouvait-il bien rimer ?

Le BGG fixa d'un regard soupçonneux la petite fille assise en tailleur sur la table.

– Tu me demandes de te révéler de bougrement grands secrets, répondit-il, des secrets dont jamais personne n'a entendu parler.

– Je n'en parlerai jamais, moi non plus, promit Sophie, je le jure. D'ailleurs, comment le pourrais-je ? Je suis coincée ici pour le reste de mes jours.

– Tu pourrais en parler aux autres géants.

[...]

– S'il vous plaît, dites-moi ce que vous faisiez dans notre village, insista Sophie, je vous promets que vous pouvez me faire confiance.

– Est-ce que tu m'apprendras à fabriquer un éléfont ? demanda le BGG.

– Que voulez-vous dire ? s'étonna Sophie.

– J'aimerais tellement avoir un éléfont pour me promener dessus, dit le BGG d'un air rêveur, un bon beau Babar d'éléfont pour aller dans la forêt cueillir des gros fruits juteux aux branches des arbres. J'y passerais toutes mes journées. Ici, on cuit dans ce bougre de pays tout craquelé de chaleur. Il n'y pousse rien à part des schnockombres. J'aimerais bien aller ailleurs et cueillir de gros fruits juteux, assis sur le dos d'un éléfont, le matin de bonne heure.

Sophie se sentit émue en l'entendant parler ainsi.

– Peut-être qu'un jour nous vous trouverons un éléphant, dit-elle, et de gros fruits juteux également. Mais à présent, dites-moi ce que vous faisiez dans notre village.

– Si tu veux vraiment savoir ce que je fais dans ton village, répondit le BGG, et bien, voilà : je souffle des rêves dans les chambres des enfants.

– Vous soufflez des rêves ? s'étonna Sophie, que voulez-vous dire ?

– Je suis un géant souffleur de rêves, dit le BGG, quand tous les autres géants s'en vont galoper sur les chemins pour avaler des hommes de terre, moi, je cours souffler des rêves dans les chambres des enfants qui dorment. De beaux rêves. De jolis rêves dorés. Des rêves qui les rendent heureux.

– Hé mais, où allez-vous les chercher, ces rêves ? interrogea Sophie.

– Je les attrape, dit le BGG en montrant d'un geste de la main les rangées de bocaux qui s'alignaient sur les étagères, j'en ai des milliers.

– C'est impossible d'attraper un rêve ! affirma Sophie, un rêve ce n'est pas quelque chose qu'on peut saisir.

[...]

– Les rêves, dit-il, sont des choses très mystérieuses. Ils flottent dans l'air comme de petites bulles fines et floues en cherchant sans cesse des gens qui dorment.

– Peut-on les voir ? demanda Sophie.

– Jamais du premier coup.

– Dans ce cas, comment faites-vous pour les attraper s'ils sont invisibles, s'étonna Sophie.

– Ah, ah, s'exclama le BGG, c'est maintenant qu'on en arrive aux sombres secrets bien cachés.

– Je promets que je ne dirai rien.

– Je te crois, dit le BGG.

Il ferma alors les yeux et resta immobile un instant, tandis que Sophie était suspendue à ses lèvres.

– Les rêves, reprit-il enfin, lorsqu'ils filent dans l'air de la nuit, émettent de tout petits bourdonnements. Mais ces petits bourdonnements sont si légers que les hommes de terre ne peuvent pas les entendre.

– Et vous, vous les entendez ? demanda Sophie.

Le BGG montra du doigt ses énormes oreilles en forme de roue de camion et il se mit à les remuer d'avant en arrière. Il était très fier de se livrer à ce petit exercice et son visage s'éclaira d'un sourire satisfait.

– Tu vois cela ? demanda-t-il.

– Ce serait difficile de ne pas le voir, répondit Sophie.

– Elles te paraissent peut-être un peu ridicucules, dit le BGG, mais crois-moi, ce sont des oreilles tout à fait extraordinaires. Il ne faut pas s'en moquer.

– Oh non ! sûrement pas, approuva Sophie.

– Elles me permettent d'entendre absolument tout, même le bruit le plus infinitésifaible.

(...)

Les articles

JE DÉCOUVRE

1 À partir des groupes nominaux surlignés du texte suivant, complète le tableau.

– Elle nous enfermait dans une cave toute noire, pendant un jour et une nuit, sans nous donner ni à manger ni à boire.
– Oh ! L'effroyable vieille scrofule ! s'exclama le BGG.
– C'était horrible !… Il y avait des rats. On les entendait trottiner partout !
– La répugnante vieille tournebulle ! s'indigna le BGG. C'est la chose la plus abominable que j'ai entendue depuis des années.

le petit mot placé en tête du groupe nominal	le nom du groupe nominal que le petit mot accompagne.

2 Recopie le texte de la ligne 56 « *Tout…* » à la ligne 60 « *… flaque.* ».
Souligne les groupes nominaux.
Dans chaque groupe nominal, encadre le nom.
Entoure en rouge le petit mot qui précède le nom.

3 Dans les phrases ci-dessous, relève les éléments qui ont changé.
Explique pourquoi.

• Sophie contempla le géant avec étonnement. Voici un être bien étrange.
• Sophie contempla la géante avec étonnement. Voici une personne bien étrange.

JE RETIENS

Dans le groupe nominal, le nom est très souvent précédé d'un petit mot que l'on appelle article.

Ex : ***les oreilles***
(les = article ; oreilles = nom)

Les articles indiquent le genre (masculin ou féminin) et le nombre (singulier ou pluriel).

Ex : ***le jour – un jour – ce jour*** *→ masculin, singulier*
la nuit – une nuit *→ féminin, singulier*
les rats – des rats *→ masculin, pluriel*
les caves – des caves *→ féminin, pluriel*

JE M'ENTRAÎNE

1 Dans le texte suivant que tu recopieras, encadre les articles et relie chacun d'eux au nom qui convient.

– J'aimerais tellement avoir un éléfont pour me promener dessus dit le Bon Gros Géant d'un air rêveur, un bon beau Babar… pour aller dans la forêt cueillir des gros fruits juteux aux branches des arbres. J'y passerais toutes les journées. Dans ce pays on cuit… J'aimerais bien aller ailleurs cueillir des gros fruits, assis sur le dos d'un éléfont, le matin de bonne heure.

2 Complète le texte suivant avec les articles qui conviennent.

Sophie contempla …… géant avec étonnement. Voici …… être bien étrange. Tantôt il me dit que j'ai de …… purée de mouches dans …… crâne et …… instant d'après il a …… cœur brisé.
– Tout est de …… faute se lamenta …… BGG. Et …… autre larme jaillit à nouveau de …… œil et s'écrasa sur …… sol.

3 Barre le mot qui ne convient pas.

À l'aide [de / d'un] bout de bois, il grave [un / les] dessins de [son / ses] exploits. Mais à peine a-t-il fini que les [signe / signes] s'effacent. Il veut [un / une] empreinte aussi profonde que celle des [sabot / sabots] de bison sur [le / la] terre glaise. Il cherche alors [les / des] teintes nouvelles. Il broie [de la / des] pierres jaunes.

4 Indique après chaque GN surligné, le genre (masculin/féminin) et le nombre (singulier/pluriel).

Je suis un géant (……) souffleur de rêves. Quand tous les autres géants (……) s'en vont galoper sur les chemins (……), je vais souffler des rêves (……) dans les chambres (……) des enfants (……). Les rêves (……), je les attrape d'un geste (……) de la main (……) et je les range dans des bocaux (……) sur les étagères (……).

Le son [ɛ̃]

JE DÉCOUVRE

1 Complète le tableau avec les mots suivants.

→ *le vin – olympique – rien – je traîne – plein – le pain – un lapin – des cymbales – la lapine – une nymphe – une reine – un frein – les reins – grimper – Agen – le mien – le timbre – un lynx – urbain*

J'entends [ɛ̃].				
Je vois « in » ou « im ».	Je vois « yn » ou « ym ».	Je vois « en ».	Je vois « ain ».	Je vois « ein ».

JE RETIENS

Le son [ɛ̃] peut être transcrit par différents groupes de lettres.
« in » ou « im » → *la fin – le timbre*
« yn » ou « ym » → *le lynx – le thym*
« en » → *bien*
« ein » ou « aim » → *peindre – le train*

JE M'ENTRAÎNE

1 Recopie les mots qui contiennent le son [ɛ̃]. Fais apparaître en couleur les lettres qui transcrivent le son.

→ *un sapin – peindre – la chienne – un burin – Julien – romain – l'usine – une dinde – aérien – serein – la peine – le marin – des ruines – un chien – demain – un domaine – le poing – l'incendie – inerte*

2 Complète chaque phrase avec le mot qui convient.

→ *bani – graine – peint – bain – reine – grain – peine – reins*

- Après une longue journée de travail, Julien prépare un ...... moussant.
- Tu m'as fait beaucoup de ...... en refusant mon invitation.
- Les ...... sont placés de chaque côté de la colonne vertébrale.
- On sème une ...... dans la terre.

Utiliser le dictionnaire

JE DÉCOUVRE

1 Ouvre ton dictionnaire à la lettre « p ». Quel est le premier mot ? Quel est le dernier ? Compare tes propositions avec tes camarades. Cherche le premier mot commençant par « pen » puis par « pui ». Recopie-les.

2 Tu dois écrire le mot [faʀ]. Tu crois pouvoir l'écrire : fare. Cherche-le. Existe-t-il ? Comment crois-tu pouvoir l'écrire ? Cherche-le.

JE RETIENS

Dans le dictionnaire, les mots sont rangés dans l'ordre alphabétique.
La page de gauche porte en haut le premier mot de la double page, la page de droite le dernier mot.
Le dictionnaire permet aussi de rechercher ou de confirmer l'orthographe des mots.

JE M'ENTRAÎNE

1 Utilise le dictionnaire pour ranger dans l'ordre alphabétique les mots suivants.

→ *horde – horrible – horaire – hors – hormis – horizon – horloge*

2 Utilise le dictionnaire pour trouver un mot qui peut se situer entre :

- girafe – ...... – girouette.
- vertige – ...... – verve.
- zizanie – ...... – zona.

3 Utilise le dictionnaire pour orthographier correctement les mots correspondants aux définitions suivantes.

- Plante qui fleurit au début de l'hiver dont on orne souvent les tombes. → c......san......me
- Plante qui fleurit du mois d'août aux premières gelées. → da......a
- Plante à grosses fleurs en forme de boules. → ......tensia

Les déterminants possessifs

JE DÉCOUVRE

1 Observe les phrases et le tableau et réponds aux questions.

- Mon cartable pèse lourd.
- Ma surprise a été grande.
- J'ai revu notre ami.
- Il nous raconte son histoire.
- Elle semble convenir à leur ami.

mots surlignés	mot qu'il accompagne
Mon	cartable
Ma	surprise

Prolonge le tableau.
Que se passe-t-il si on met le mot « surprise » au pluriel dans la 2e phrase ?
Mets les mots de la colonne de droite au pluriel et complète le tableau avec ces nouveaux éléments.

JE RETIENS

Le déterminant possessif marque la possession.
Il est placé devant le nom.
Ex : Mon cartable pèse lourd.
Les déterminants possessifs sont :
- **singulier : mon – ton – son – ma – ta – sa – notre – votre – leur ;**
- **pluriel : mes – tes – ses – nos – vos – leurs.**

JE M'ENTRAÎNE

1 Souligne les déterminants possessifs des phrases suivantes.

- Nous apprendrons correctement nos leçons.
- Notre voisin travaille dans son jardin.
- Avez-vous vu mes amis ?
- Leurs idées vous conviennent-elles ?
- Je suis ravi de tes initiatives.

2 Réécris les phrases en mettant le mot surligné au pluriel.

- J'apprécie beaucoup ta bague.
- Je préfère votre costume gris.
- Je laisse ma valise à la consigne.
- Vous avez pris votre billet ?
- Ils ont accompagné leur fille à la gare.

3 Barre le déterminant possessif qui ne convient pas.

- Je participerai à [ton / ta] anniversaire.
- Nous apprécions [ta / ton] invitation.
- Ils ont terminé [leur / leurs] maison.
- Il sera récompensé pour [son / ses] bons et loyaux services.

LE PETIT ATELIER DE PHILO

- *Le Bon Gros Géant est-il bizarre ?*
- *Le Bon Gros Géant est-il gentil ?*
- *Sophie est-elle contente ?*
- *Comment parle le Bon Gros Géant ?*
- *Sophie comprend-elle le Bon Gros Géant ?*
- *Le monde des adultes est-il facile à comprendre ?*
- *D'où viennent les rêves ?*

La paire de chaussures

Il était une fois une paire de chaussures qui étaient mariées ensemble. La chaussure droite, qui était le monsieur, s'appelait Nicolas, et la chaussure gauche, qui était la dame, s'appelait Tina.

Elles habitaient une belle boîte en carton où elles étaient roulées dans du papier de soie. Elles s'y trouvaient parfaitement heureuses, et elles espéraient bien que cela durerait toujours.

Mais voilà qu'un beau matin une vendeuse les sortit de leur boîte afin de les essayer à une dame. La dame les mit, fit quelques pas avec, puis, voyant qu'elles lui allaient bien, elle dit :

– Je les achète.

– Faut-il vous les envelopper ? demanda la vendeuse.

– Inutile, dit la dame, je rentre avec.

Elle paya et sortit, avec les chaussures neuves aux pieds.

C'est ainsi que Nicolas et Tina marchèrent toute une journée sans se voir l'un l'autre. Le soir seulement ils se retrouvèrent dans un placard obscur.

– C'est toi, Tina ?

– Oui, c'est moi, Nicolas.

– Ah, quel bonheur ! Je te croyais perdue !

– Moi aussi. Mais où étais-tu ?

– Moi ? J'étais au pied droit.

– Moi, j'étais au pied gauche.

– Je comprends tout, dit Nicolas. Toutes les fois que tu étais en avant, moi, j'étais en arrière, et lorsque tu étais en arrière, moi, j'étais en avant. C'est pour cela que nous ne pouvions pas nous voir.

– Et cette vie-là va recommencer chaque jour ? demanda Tina.

– Je le crains !

– Mais c'est affreux ! Rester toute la journée sans te voir, mon petit Nicolas ! Je ne pourrai jamais m'y habituer !

– Écoute, dit Nicolas, j'ai une idée : Puisque je suis toujours à droite et toi toujours à gauche, eh bien, chaque fois que j'avancerai, je ferai en même temps un petit écart de ton côté. Comme ça, nous nous dirons bonjour. D'accord ?

– D'accord !

Ainsi fit Nicolas, de sorte que, tout au long du jour suivant, la dame qui portait les chaussures ne pouvait plus faire trois pas sans que son pied droit vienne accrocher son talon gauche, et plaf ! à chaque fois, elle s'étalait par terre.

Très inquiète, elle alla, le jour même, consulter un médecin.

– Docteur, je ne sais pas ce que j'ai. Je me fais des croche-pieds à moi-même !

– Des croche-pieds à vous-même ?

– Oui, docteur ! À chaque pas que je fais, ou presque, mon pied droit accroche mon talon gauche, et cela me fait tomber !

– C'est très grave, dit le docteur. Si cela continue, il faudra vous couper le pied droit. Tenez, voici une ordonnance : vous en avez pour dix mille francs de médicaments. Donnez-moi deux mille francs pour la consultation, et revenez me voir demain.

Le soir même dans le placard, Tina demandait à Nicolas :

– Tu as entendu ce qu'a dit le docteur ?

– Oui, j'ai entendu.

– C'est affreux ! Si on coupe le pied droit le la dame, elle te jettera, et nous serons séparés pour toujours ! Il faut faire quelque chose !

– Oui, mais quoi ?

– Écoute, j'ai une idée : puisque je suis à gauche, c'est moi, demain, qui ferai un petit écart à droite, à chaque fois que j'avancerai ! D'accord ?

– D'accord !

Ainsi fit-elle, de sorte que, tout au long du deuxième jour, c'était le pied gauche qui accrochait le talon droit, et plaf ! la pauvre dame se retrouvait par terre. De plus en plus inquiète, elle retourna chez son médecin.

– Docteur, cela va de moins en moins ! Maintenant, c'est mon pied gauche qui accroche mon talon droit !

– C'est de plus en plus grave, dit le docteur. Si cela continue, il faudra vous couper les deux pieds !

(à suivre p. 40)

EXPLORATION DU TEXTE

1 Choisis, page 38, un paragraphe. Cite le premier et le dernier mot. Fais le même relevé page 40.

2 Entre la ligne 82 et la ligne 104, retrouve les paroles prononcées par Nicolas. Dis-les à tes camarades.

3 Relève, page 40, trois mots contenant le son [ɛ̃] transcrit de trois façons différentes.

4 Retrouve dans le texte :

- une phrase déclarative,
- une phrase exclamative,
- une phrase interrogative,
- une phrase impérative.

5 Relève le mot ou l'expression que Tina utilise pour dire :

- C'est horrible !
- La semelle de sa chaussure est très usée.

LANGAGE ORAL

1 Livre fermé, raconte à tes camarades la partie de l'histoire qui débute lorsque la nièce reçoit la paire de chaussures.

COMPRÉHENSION DU TEXTE

1 Pourquoi Nicolas et Tina passent-ils toute la première journée sans se voir ?

2 Pourquoi la dame peut-elle dire au médecin qu'elle se fait des croche-pieds ?

3 Que penses-tu de la réponse du médecin ?

4 Pourquoi l'attitude de la dame change-t-elle vis-à-vis de la paire de chaussures ? Justifie ta réponse avec des éléments du texte.

5 Quelle solution Nicolas et Tina trouvent-ils pour ne pas être séparés quand la nièce ne peut plus utiliser la paire de chaussures ?

6 Quel est le beau voyage de noces que vont faire Nicolas et Tina ?

7 Note par ordre d'apparition dans le texte, les différents malheurs qui frappent Nicolas et Tina.

8 Dans ce texte, qu'est-ce qui te paraît original ?

FONCTIONNEMENT DU TEXTE

1 Complète le tableau.

texte	les personnages Quels sont-ils ?	Que se passe-t-il ?
de la ligne 1 à la ligne 19		
de la ligne 20 à la ligne 52		
de la ligne 53 à la ligne 95		
de la ligne 96 à la ligne 115		
de la ligne 116 à la ligne 120		
de la ligne 121 à la ligne 147		
de la ligne 148 à la ligne 163		

2 Relève la (ou les) proposition(s) que tu retiens pour dire que ce récit est complet ou incomplet.

☐ Les deux héros ont un problème à résoudre.
☐ La fin de l'histoire est une solution à ce problème.
☐ On ne sait pas ce que sont devenus les personnages.

Après avoir répondu à la question précédente, choisis la solution que tu retiens.

☐ Le récit est complet.
☐ Le récit est incomplet.

La paire de chaussures

La paire de chaussures • *dans* ***La sorcière de la rue Mouffetard***
Coll. « Folio Junior » • Pierre Gripari • *© Éditions de la Table Ronde*

(suite de la p. 38)

Tenez, voici une ordonnance : vous en avez pour vingt mille francs de médicaments. Donnez-moi trois mille francs pour la consultation, et surtout, n'oubliez pas de revenir me voir demain !

Le soir même, Nicolas demandait à Tina :

– Tu as entendu ?

– J'ai entendu.

– Si l'on coupe les deux pieds de la dame, qu'allons-nous devenir ?

– Je n'ose pas y penser !

– Et pourtant, je t'aime, Tina !

– Je voudrais ne jamais te quitter !

– Moi aussi, je le voudrais !

Ils parlaient ainsi, dans l'obscurité, sans se douter que la dame qui les avait achetés se promenait dans le couloir, en pantoufles, parce que les paroles du médecin l'empêchaient de dormir. En passant devant la porte du placard, elle entendit toute cette conversation et, comme elle était très intelligente, elle comprit tout.

– C'est donc ça, pensa-t-elle. Ce n'est pas moi qui suis malade, ce sont mes chaussures qui s'aiment ! Comme c'est gentil !

Là-dessus, elle jeta à la boîte aux ordures les trente mille francs de médicaments qu'elle avait achetés et le lendemain elle dit à sa femme de ménage :

– Vous voyez cette paire de chaussures ? Je ne les mettrai plus, mais je veux les garder quand même. Alors cirez-les bien, entretenez-les bien, qu'elles soient toujours brillantes, et surtout ne les séparez jamais l'une de l'autre !

Restée seule, la femme de ménage se dit :

– Madame est folle, de garder ces chaussures sans les mettre !

[…]

Je vais les donner à ma nièce, qui est boiteuse !

C'est ce qu'elle fit. La nièce, qui était boiteuse, en effet, passait presque toute la journée assise sur une chaise, les pieds joints.

Quand par hasard elle marchait, c'était si lentement qu'elle ne pouvait guère s'accrocher les pieds. Et les chaussures étaient heureuses car, même dans la journée, elles étaient le plus souvent côte à côte.

Cela dura longtemps. Malheureusement, comme la nièce était boiteuse, elle usait d'un côté plus vite que de l'autre.

Un soir, Tina dit à Nicolas :

– Je sens ma semelle qui devient fine, fine ! Je vais bientôt être percée !

– Ne fais pas ça ! dit Nicolas. Si on nous jette, nous allons être encore séparés !

– Je le sais bien, dit Tina, mais que faire ? Je ne peux pas m'empêcher de vieillir !

Et en effet, huit jours plus tard, sa semelle était trouée. La boiteuse acheta des chaussures neuves, et jeta Nicolas et Tina dans la boîte à ordures.

– Qu'allons-nous devenir ? demanda Nicolas.

– Je ne sais pas, dit Tina. Si seulement j'étais sûre de ne jamais te quitter !

– Approche-toi, dit Nicolas, et prends ma bride avec la tienne. De cette façon, nous ne serons pas séparés.

Ainsi firent-ils. Ensemble ils furent jetés à la poubelle, ensemble ils furent emportés par le camion des éboueurs, et abandonnés dans un terrain vague. Ils y restèrent ensemble jusqu'au jour où un petit garçon et une petite fille les y trouvèrent.

– Oh, regarde ! Les chaussures ! Elles sont bras dessus bras dessous !

– C'est qu'elles sont mariées ensemble, dit la petite fille.

– Eh bien, dit le petit garçon, puisqu'elles sont mariées ensemble, elles vont faire leur voyage de noces !

Le petit garçon prit les chaussures, les cloua côte à côte sur une planche, puis il porta la planche au bord de l'eau et la laissa descendre, au fil du courant, vers la mer. Pendant qu'elle s'éloignait, la petite fille agitait son mouchoir en criant :

– Adieu, chaussures, et bon voyage !

C'est ainsi que Nicolas et Tina, qui n'attendaient plus rien de l'existence, eurent quand même un beau voyage de noces.

Les articles

JE DÉCOUVRE

1 Lis le texte ci-dessous.

Une paire de chaussures étaient mariées ensemble. Elles habitaient une belle boîte en carton où elles étaient roulées dans du papier de soie. Mais voilà qu'un beau matin, une vendeuse les sortit de la boîte pour les essayer à une dame.
La dame sortit avec les chaussures neuves.
Elle ne savait pas alors que des malheurs l'attendaient.

Complète le tableau avec les groupes nominaux surlignés.

groupe nominal	a déjà été nommé : oui/non	apparaît pour la première fois : oui/non	article utilisé

Quelles remarques peux-tu faire ?

2 Réponds par « oui » ou « non ».

- Le – la – les (articles définis) s'utilisent pour désigner des objets ou personnes déjà nommés dans le texte.
- Dans un texte, un même GN peut être précédé d'articles différents.
- Les articles un – une – des (articles indéfinis) s'utilisent pour désigner un GN nommé pour la première fois.
- L'article du est utilisé devant un objet qui ne peut pas se compter : du papier – du sable…
- Le – un indiquent le masculin-singulier.
- Les marque aussi bien le masculin que le féminin.

JE RETIENS

L'article utilisé dans le GN n'est pas toujours le même.
Lorsque c'est la première fois que le GN apparaît on trouve des articles indéfinis :
un – une – des.
Quand on sait de quoi il s'agit parce que le GN a déjà été nommé ou que l'on désigne un objet ou un être précis, on trouve les articles définis : le – la – les – mon – ma…

JE M'ENTRAÎNE

1 Complète le texte par un, une, des, le, la ou les.

Il était ...... fois ...... paire de chaussures.
...... chaussure droite s'appelait Nicolas, ... chaussure gauche s'appelait Tina.
...... deux chaussures étaient heureuses enfermées dans ...... boîte.
Elles furent achetées par ...... dame. Mais ...... dame qui portait ...... chaussures ne pouvait marcher correctement.
Elle alla chez ...... docteur, ... jour-même.
...... médecin resta perplexe devant ...... problème de ...... dame. Il lui donna ...... consultation, lui fit ...... ordonnance et lui donna rendez-vous pour ...... lendemain.

2 Barre l'article qui ne convient pas.

Je rabats [un / le] capuchon de [un / mon] anorak et je fonce vers [le / un] canal St Martin.

J'habite dans [la / une] péniche. [La / une] porte est jaune, [une / la] façade bleue. Au fond, on voit [le / un] escalier en colimaçon. De [la / ma] chambre qui donne sur [la / une] Seine, je regarde [l' / une] eau couler.

Plus loin, du côté de [la / une] place de la République, [le / un] canal disparaît : il glisse sous terre comme [le / un] caramel au fond [de la / d'une] poche.

3 Souligne les GN, encadre les articles puis complète le tableau.

Il était une fois, un roi qui vivait dans un grand château. Tous les jours de la semaine, il travaillait rudement. Le soir venu, alors que les habitants de la ville étaient couchés depuis longtemps, il jouait de la flûte car c'était un musicien renommé.

GN précédé d'un article défini	GN précédé d'un article indéfini

Le son [j]

JE DÉCOUVRE

1 Recopie les mots suivants dans le tableau.

→ *le sommeil – une grenouille – la bille – un cahier – un crayon – le portail – la citrouille – une fille – un papier – l'oreille – le soleil – un tablier – un chien – un gorille – une abeille – un conseil – un vitrail – une écaille – une grille – un rayon – l'orteil – il veille*

J'entends [j].			
Je vois « i » ou « y ».	Je vois « ll ».	Je vois « ill ».	Je vois « il ».

JE RETIENS

Le son [j] peut-être transcrit :
- **par une lettre seule,**
« i » → *le cahier,* **« y »** → *un crayon*
- **par un groupe de lettres.**
« ll » → *une bille,* **« ill »** → *l'oreille,* **« il »** → *le soleil*

JE M'ENTRAÎNE

1 Recopie les mots qui contiennent le son [j]. Fais apparaître en rouge la lettre ou le groupe de lettres qui le transcrit.

→ *les pieds – la ville – il travaille – l'œil – payer – crier – il pille – gentille – une feuille – un champion – la lumière brille – un détail – le travail – essayer – mille – une caille – l'orgueil – un civil*

2 Reconstitue les mots qui correspondent aux définitions.
Tous les mots contiennent le son [j].

- tueoilble : récipient en verre, à goulot étroit.
- orutilelic : fruit arrondi et volumineux de couleur orangée.
- nteavlié : petit objet en tissu ou en papier qu'on agite pour se rafraîchir.
- liuerucé : mammifère rongeur à pelage roux.
- liteufau : siège à dossier et à bras, pour une personne.

Utiliser le dictionnaire

JE DÉCOUVRE

1 Lis la définition et réponds aux questions.

> **avancer** : v. ❶ Aller de l'avant. *Il n'avance pas vite.* ❷ Placer en avant. *Il a avancé une chaise.* ❸ Prêter de l'argent. *Je t'avance dix euros.* ❹ Proposer. *Avancer une opinion.*

Que signifie la lettre « v » ?
Combien de sens peut prendre le mot avancer ?

Retrouve le mot avancer dans le texte entre la ligne 32 et la ligne 52.
Recopie le sens que tu lui donnes.

JE RETIENS

Le dictionnaire permet de trouver de nombreux renseignements sur le mot :
- **sa nature** *(verbe : v ; nom : n ; adjectif : adj ; ...)* **;**
- **son genre** *(masculin : m ; féminin : f)* **;**
- **ses différents sens selon le contexte ;**
- **des exemples pour illustrer le contexte ;**
- **des expressions contenant le mot ;**
- **des mots de sens proche** *(synonymes)*.

JE M'ENTRAÎNE

1 Lis la définition.

> **écart** : n. m. ❶ Mouvement de côté (embardée). *Le camion a fait un écart.* ❷ Différence entre deux nombres (variation). *Des écarts de température.*

Réponds par « oui » ou « non » aux différentes propositions.

- Écart est un nom masculin.
- Il y a 3 sens différents du mot écart selon le contexte.
- Le dictionnaire nous permet de connaître des mots qui ont à peu près le même sens.
- Les exemples sont donnés pour préciser le contexte dans lequel le mot est employé.

2 Cherche dans ton dictionnaire des expressions contenant le mot écart.
Utilise chacune d'elles dans une phrase.

Ponctuer un texte

J'ÉCRIS

1 Dans le texte ci-dessous (extrait d'un autre conte de Pierre Gripari : « *Scoubidou, la poupée qui sait tout* ») relève :

- une phrase exclamative,
- une phrase déclarative,
- une phrase interrogative,

et marque la ponctuation de ces phrases en rouge.

Toute la journée, ce fut ainsi. Chaque fois que Papa Saïd entrait dans une boutique, il commençait par demander du vélo. Comme ça, sans le vouloir, c'était plus fort que lui. C'est ainsi qu'il demanda encore une boîte de vélos blancs chez l'épicier, une bonne tranche de vélo chez la crémière, et une bouteille de vélo de Javel chez le marchand de couleurs. À la fin, très inquiet, il entra chez son médecin.
– Eh bien, Papa Saïd, qu'est-ce qui ne va pas ?
– Eh bien voilà, dit Papa Saïd. Depuis ce matin, je ne sais pas ce qui m'arrive, mais chaque fois que j'entre chez un commerçant, je commence par lui demander un vélo. C'est malgré moi, je vous assure, je ne le fais pas exprès du tout ! Qu'est-ce que c'est que cette maladie ? Je suis très ennuyé, moi… Vous ne pourriez pas me donner un petit vélo… – Ça y est ! Ça recommence ! – Je veux dire un petit remède, pour que ça cesse ?
– Hahem, dit le docteur. Très curieux, très curieux vraiment… Dites-moi donc, Papa Saïd, vous n'auriez pas un petit garçon, par hasard ?
[…]

2 Recopie la suite du texte et remets la ponctuation en t'inspirant du texte précédent.

Je m'en doutais Eh bien méfiez-vous de cette poupée Papa Saïd Si elle reste chez vous elle vous obligera à acheter un vélo que ça vous plaise ou non C'est trois mille francs
Oh non C'est bien plus cher que ça
Je ne vous parle pas de vélo je vous parle de la consultation Vous me devez trois mille francs
Ah bon
Papa Saïd paya le médecin rentra chez lui et dit au petit Bachir
Tu vas me faire le plaisir de chasser ta poupée parce que moi si je la trouve je la jette au feu
Aussitôt que Bachir et Scoubidou furent seuls
Tu vois dit Scoubidou je te l'avais bien dit que ça ne devait pas marcher… Mais ne te désole pas Je vais partir et dans un an je reviendrai À mon retour tu auras ton vélo Cependant avant de partir j'ai besoin de quelque chose…

Conseils :

- ***Le texte contient des dialogues.***
- ***Utilise correctement la ponctuation adaptée.***

LE PETIT ATELIER DE PHILO

- *Quelles sont les preuves que les deux chaussures s'aiment ?*
- *Nous font-elles rire ?*
- *Quel est le moment le plus émouvant de l'histoire ?*
- *Est-ce une histoire vraie ?*
- *Pourquoi rirait-on des choses graves ?*
- *L'amour est-il éternel ?*
- *L'amour rend-il heureux ?*

RÉCITS

Je suis amoureux d'un tigre

Je m'appelle Benjamin et, cet après-midi, je suis tombé amoureux d'un tigre. J'avais pas prévu!

Sale journée à l'école ; je récolte une mauvaise note, et je flanque mon stylo à la tête d'un prof.

Le directeur me convoque dans son bureau. C'est grand, grand, comme une prison sans portes, un océan sans navires.

Il me regarde l'air mécontent.

– Encore toi, Benjamin ? Tu sais ce qui finira par arriver ?

Je sais bien… Je baisse le nez, et je compte mes pieds. Le temps que le directeur termine son discours, je deviens un vrai mille-pattes.

Plus tard, je sors de l'école en courant, en pleurant.

Il pleut.

Je rabats le capuchon de mon anorak, et je fonce jusqu'au canal Saint-Martin. Là, je monte sur le pont de la Grange-aux-Belles. J'habite de l'autre côté, au coin du quai de Jemmapes et de la rue de la Grange-aux-Belles, au-dessus du café *La Péniche jaune*.

La porte est jaune, la façade bleue. Dans le fond, un escalier étroit, un colimaçon, grimpe jusqu'à l'appartement. Ma chambre donne sur la Seine, et je regarde souvent l'eau couler. Pas loin, il y a l'*Hôtel du Nord*, avec ses murs blancs qui virent au gris. Des touristes viennent parfois le regarder, à cause d'un film célèbre.

Je m'arrête au milieu du pont, sur les planches de bois noires, mouillées, glissantes. En bas, l'eau coule, très verte, lente, à cause des écluses. Plus loin, du côté de la place de la République, le canal disparaît brusquement, il glisse sous terre comme un caramel au fond d'une poche.

Je me perche sur la pointe des pieds, le menton posé sur la rambarde*. Je contemple l'eau, des feuilles mortes, parfois une branche, une planche qui tourbillonne.

– Tu regardes quoi ?

Je me retourne, surpris. J'aperçois une fillette de mon âge. Elle porte un anorak noir, un jean bleu sombre, presque noir. On croirait un garçon, sauf que ses longs cheveux sombres, mouillés, alourdis par la pluie, tombent sur ses épaules.

Elle hoche la tête en riant :

– Tu sais, j'ai horreur de mettre un capuchon, même s'il pleut !

Elle a un drôle d'accent.

Je passe ma main sur mes cheveux trempés.

– Moi aussi !

On rit ensemble. Je la trouve jolie, jolie, comme la fée de la pluie.

J'hésite, et je lui demande :

– Tu es… chinoise ?

Elle secoue sa tignasse d'ébène, hausse les épaules.

– Non ! Japonaise. Je m'appelle Sonoko Watanabe. Mes parents habitent Paris, maintenant.

Elle pousse un soupir :

– Mais, à l'école, ils m'appellent tous la Chinoise… Ça m'énerve ! Je n'ai pas d'amis.

Je lui confie :

– Moi c'est pareil ! Je n'ai pas d'amis et on m'appelle le Chinois alors que je suis vietnamien. Mon nom, c'est Benjamin.

Je montre le quai de Jemmapes :

– J'habite là, chez les gens qui tiennent le café.

Il pleut toujours ; le pont, les deux quais, les rues semblent vides, froids. On est seuls. Elle me ressemble un peu, et j'aime lui parler, même si je la connais à peine.

Le soir tombe. La nuit traîne sur Paris, comme un grand chat noir. Sonoko s'approche de moi, me prend la main :

– Dis… Tu sais garder un secret ?

– Bien sûr !

Elle regarde autour de nous, se penche vers moi, et chuchote mystérieusement :

– Voilà : je suis… je suis un tigre…

(à suivre p. 48)

** rambarde*

Rampe.

EXPLORATION DU TEXTE

1 **Comment est signalé le début de chaque chapitre ?**

2 **Combien y a-t-il de paragraphes entre la ligne 37 et la ligne 46 ?**
Cite pour chacun d'eux le premier et le dernier mot.
Combien y a-t-il de lignes dans le premier paragraphe ?
Combien y a-t-il de phrases ?

3 **Recherche, dans la partie du texte comprise entre la ligne 37 et la ligne 52, une phrase moins longue qu'une ligne.**

4 **Cite cinq mots du deuxième chapitre, contenant le son [j].**
Recherche, le plus vite possible, un mot contenant le son [ɛ̃].

5 **Recherche à quoi l'auteur compare :**
- **le canal qui disparaît ;**
- **la jolie jeune fille.**

LANGAGE ORAL

1 **Sans le texte, raconte à tes camarades la rencontre entre Benjamin et Sonoko.**

COMPRÉHENSION DU TEXTE

1 **Que sais-tu de Benjamin après la lecture du deuxième chapitre ?**

2 **Que sais-tu de Sonoko après la lecture du premier chapitre ?**

3 *« Tu sais ce qui finira par arriver ? » (l. 10 et 11),* ***dit le directeur à Benjamin.***
Que peut-il donc arriver au jeune garçon ?
Compare tes propositions à celles de tes camarades.

4 **Quels sont les deux personnages importants dans la vie de Benjamin ?**
Pourquoi ?

5 **Où habite Benjamin ?**
Que sais-tu de cette habitation ?

6 **Quelle est l'occupation préférée de Benjamin ?**

7 **Pourquoi Benjamin dit-il** *« Mais je suis obligé d'être parfait… » ? (l. 141 et 142)*

8 ***Les deux enfants disent qu'ils sont seuls, qu'ils n'ont pas d'amis.*** **Pourquoi ?**

FONCTIONNEMENT DU TEXTE

1 **Voici une liste d'événements évoqués dans le deuxième chapitre.**
Remets-les dans l'ordre d'apparition dans le texte.

A → Benjamin sert au café.
B → Roméo sert au comptoir.
C → Benjamin arrive au café.
D → Virginie, Roméo et Benjamin se retrouvent pour le dîner.
E → Mort des parents de Benjamin.
F → Roméo se moque de Benjamin au cours du repas.
G → Benjamin ennuie Catimini.
H → Adoption de Benjamin par Roméo et Virginie.

C							

ordre du texte

2 **Remets les mêmes événements dans l'ordre dans lequel ils se sont réellement passés.**

E							

ordre du réel

3 **Reproduis la ligne du temps et porte les deux ordres : ordre du texte et ordre du récit.**

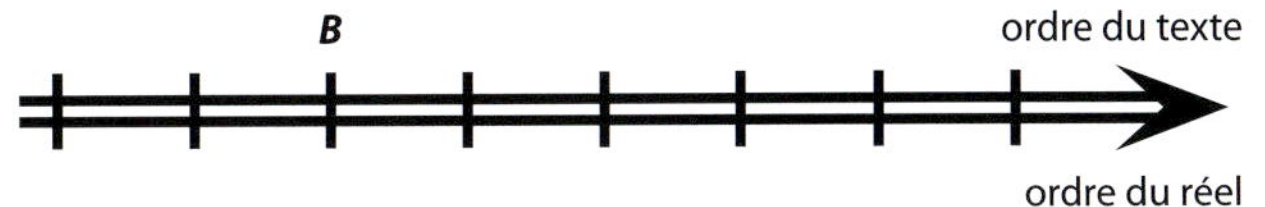

Compare. Que remarques-tu ?

Je suis amoureux d'un tigre

Je suis amoureux d'un tigre • Coll. « *Mini souris, Sentiments* »
Paul Thiès • © *Syros Jeunesse*

(suite de la p. 46)

J'ouvre des yeux ronds. Elle éclate de rire ; ses prunelles sombres scintillent vraiment comme celles d'un tigre. Enfin, je suppose. Le seul tigre que je connaisse, c'est Catimini, le matou du café.

Je bredouille :

– Un… un ti-i-igre ?

Elle me lorgne d'un drôle d'air :

– C'est ça ! Chaque nuit, je me promène sur les toits. Je cherche un petit garçon chinois pour le croquer !

Elle dit ça sur un ton ! En plus, la pluie coule dans mon cou, comme la vinaigrette sur un artichaut. Je frissonne, et marmonne prudemment :

– Bon... ben... Souviens-toi que je suis pas vraiment chinois !

– Heureusement…

Elle lâche ma main, recule, s'enfonce dans l'obscurité. Cheveux noirs, anorak noir, elle glisse dans la nuit…

Je crie :

– Hé ! Hé, la tigre ! On se reverra ? Tu habites où ?

J'entends son rire, à travers la pluie. Elle disparaît.

En rentrant au café, je me secoue comme un chien mouillé. Naturellement, Catimini, qui rôde sous les tables, reçoit quelques gouttes. Il pousse un miaulement indigné. S'il était tigre, j'aurais des ennuis !

Virginie est embusquée derrière la caisse. Ses lunettes brillent pendant qu'elle surveille Catimini, ses bagues brillent pendant qu'elle pianote les additions. Elle clame :

– Benjamin-in-in ! Tes pieds !

Ah oui, les pieds. Je soupire, saute sur le paillasson. Et je frotte, frotte, consciencieusement.

Au comptoir, Roméo essuie les verres. Il rigole, comme toujours. Il a des cheveux gris, et un cigare sur l'oreille.

Mes vrais parents sont morts en Asie, quand j'étais bébé. Après des années de foyer, Roméo et Virginie, qui n'ont pas d'enfant, m'ont pris avec eux. Je les aide au café. Ils attendent les papiers qui les autoriseront à me garder. Parfois on s'entend bien, parfois non. Mais je suis obligé d'être parfait : poli avec eux, gentil à l'école, mignon avec les copains même s'ils m'appellent le Chinois, et tout et tout. Sinon les gens du foyer diront que je suis malheureux, et ils me reprendront. Ça me rend nerveux et j'ai des ennuis, des bagarres, des mauvaises notes…

Roméo me fait signe :

– Cesse de gaspiller tes pieds, bonhomme ! Viens m'aider.

Et comment ! M'occuper du café, des clients, j'adore ça ! Parfois, on part à la campagne, en province : Roméo et Virginie possèdent une maison grise, au bord de la Loire. Mais moi, je préfère *La Péniche jaune*, le comptoir brillant, les bouteilles renversées, la machine à café, les gens du quartier, qui entrent et sortent en pestant contre la pluie, ou le soleil, ou les impôts.

[…]

– Benjamin ! Un café noir.

– Benjamin, un p'tit blanc !

– Benjamin, une bière rousse !

Je tire la langue, galope entre les tables, jongle avec les petites cuillères, le couteau à pain, les chiffons, les verres à cognac, les œufs durs et le paquet de beurre. Je marche sur la queue de Catimini et lui renverse un verre d'eau sur la tête, le pauvre. Il doit regretter de ne pas être tigre !

Au bout d'un moment, les clients repartent ; c'est l'heure du dîner. On s'installe tous les trois dans la petite cuisine. Il y a de la daube, et de la tarte aux framboises !

Je raconte à Roméo et Virginie ma rencontre avec Sonoko.

Ils se consultent du regard. Roméo déclare, définitif :

– Je ne la connais pas. Ils sont nouveaux dans le quartier, tes Japonais.

Virginie suggère, romantique :

– Tu devrais la revoir, Benjamin…

Roméo conclut, railleur :

– Et te déguiser en lion !

(…)

Le groupe nominal

JE DÉCOUVRE

1 Lis les phrases suivantes dont on a surligné les GN.

- Benjamin est un petit Vietnamien.
- Il vit dans un café.
- Il rencontre une fille qui dit être un tigre.
- La petite fille vit à Paris.
- Elle s'appelle Sonoko. Sonoko est une Japonaise.
- On voit ses longs cheveux sombres mouillés par la pluie.
- Depuis le pont, Benjamin voit le café de ses parents adoptifs.
- Le jeune garçon sert du café noir.
- Les trois amis s'installent à la table de la cuisine.

Classe les GN surlignés dans le tableau ci-dessous.

Le GN est composé de :	
un nom seul avec une majuscule.	
un déterminant et un nom.	
un déterminant, un nom et un autre mot.	
un déterminant, un nom et plusieurs autres mots.	
un déterminant, un nom et une phrase qui commence par **qui**.	
un déterminant, un nom et un groupe de mots qui commence par **de**.	

JE RETIENS

Le groupe nominal (GN) peut être composé de plusieurs façons :

- **un seul nom avec une majuscule ;**
  Ex : *Sonoko*
- **un déterminant et un nom ;**
  Ex : *le tigre*
- **un déterminant, un nom et plusieurs autres mots ;**
  Ex : *le café bondé et enfumé*
- **un déterminant, un nom et une phrase qui commence par qui ;**
  Ex : *le lion qui rugit*
- **un déterminant, un nom et un groupe de mots qui commence par de.**
  Ex : *une tasse de thé*

JE M'ENTRAÎNE

1 Recopie les GN surlignés.
Indique pour chacun d'eux comment il est composé.
Aide-toi du tableau de la rubrique « JE DÉCOUVRE ».

- Benjamin est un écolier turbulent.
- Benjamin est un jeune Vietnamien qui a été recueilli.
- Il préfère travailler au café de ses parents adoptifs.
- L'enfant qui n'a plus de parents est très travailleur.
- Il joue avec le chat.
- Roméo se moque du jeune garçon.
- Virginie pense que Benjamin doit revoir la petite Japonaise.

2 Remplace les mots surlignés des phrases suivantes par les groupes de mots de la liste, donnés dans le désordre.

→ *Le jeune garçon qu'elle rencontre – La petite fille qui vit à Paris – Benjamin et Sonoko – Benjamin, Roméo et Virginie – Les deux parents qui l'ont adopté – Benjamin*

- Ils se ressemblent.
- Elle n'a pas d'amis.
- Il vit avec la famille qui l'a accueilli.
- Il va à l'école mais préfère travailler au café avec Roméo et Virginie.
- Ils sont très gentils avec Benjamin.
- Tous ensemble, ils s'entendent bien.

3 Avec les GN surlignés du texte, complète le tableau.

Le petit chat joue près de mon bureau avec une balle. Sa queue est pointée vers le plafond. Il plisse ses beaux yeux et fait entendre un miaulement qui ressemble à un appel. Monsieur veut certainement des caresses sur son dos arrondi.

GN		
déterminant	nom	autre mot

Les rôles de la lettre « s » à la fin des mots

JE DÉCOUVRE

1 Dans le texte « *Je suis amoureux d'un tigre* », de la ligne 149 à la fin, relève tous les mots se terminant par la lettre « s » et porte-les dans le tableau.

Je vois la lettre « s » à la fin du mot.		
La lettre « s » fait partie de l'orthographe du mot dans le dictionnaire.	La lettre « s » ne fait pas partie de l'orthographe du mot dans le dictionnaire.	
	Elle marque le pluriel.	Elle marque la fin d'un verbe.

JE RETIENS

La lettre « s » à la fin d'un mot :
• fait partie de l'orthographe du mot dans le dictionnaire. Le mot s'écrit toujours avec la lettre « s » à la fin. Ex : *du bois – toujours.*
• n'apparaît que pour :
– marquer le pluriel ; → Ex : *des verres*
– marquer la fin d'un verbe lorsqu'il est précédé de je – tu – nous – vous. → Ex : *j'aperçois*

JE M'ENTRAÎNE

1 Recopie les mots du texte qui se terminent par la lettre « s » et souligne :

• en vert, les mots qui s'écrivent toujours avec la lettre « s » ;
• en bleu, les mots dont la lettre « s » marque le pluriel ;
• en noir, les verbes.

La pêche au clou

Titou espérait qu'une anguille énorme choisirait ce moment pour se précipiter sur l'appât, mais la rivière, les arbres, le ciel, tout restait immobile. Il finissait par s'ennuyer.
– Si tu te couches, tu vas dormir, disait alors son père, et tu ne pourras plus m'aider !
Mais le clapotis était si doux !
Vers le milieu de la nuit, on arrivait sous le mur immense de la fabrique de bouteilles, dont l'odeur rôdait de plus en plus forte…
Elle faisait tousser.
– Et le garde ?… Tu vas le réveiller !
Le garde ne venait jamais et Titou finissait par s'endormir.

Au bois sauvage
Yves Heurté

Trouver le sens d'un mot

JE DÉCOUVRE

1 Recopie le sens que tu donnes aux mots surlignés. Présente quels sont les éléments qui t'ont permis de choisir.

Je rabats le capuchon de mon anorak et je fonce jusqu'au canal Saint-Martin. Là, je monte vers le pont de la Grange-aux-Belles. J'habite de l'autre côté, au coin du quai Jemmapes et de la rue de la Grange-aux-Belles, au-dessus du café « La Péniche Jaune ».
La porte est jaune, la façade bleue. Dans le fond, un escalier étroit en colimaçon, grimpe jusqu'à l'appartement. Ma chambre donne sur la Seine… Pas loin, il y a l'« Hôtel du Nord » avec ses murs blancs qui virent au gris.

→ foncer :
• rendre plus sombre.
• aller très vite.
• se jeter violemment sur quelqu'un.

→ coin :
• lieu, endroit quelconque.
• angle formé par deux rues.
• petit espace.
• pièce de fer pour fendre du bois.

→ fond :
• la partie la plus basse.
• l'endroit le plus éloigné.
• ce qui est le plus important.

→ grimper :
• monter en s'accrochant
• monter en pente raide.
• monter haut.

→ donner :
• faire un cadeau.
• remettre, confier quelque chose.
• être situé du côté de.
• produire des fruits, par exemple.

→ virer :
• changer de direction.
• faire passer de l'argent d'un compte sur un autre
• changer de goût, de couleur.

JE RETIENS

Pour trouver le sens d'un mot, il faut utiliser le contexte, c'est-à-dire tous les mots qui sont autour de lui.

Ponctuer un texte

J'ÉCRIS

1 Dans le texte suivant, repasse en rouge toute la ponctuation.

Loir-Endormi

Au bord d'un lac gelé, Loir-endormi aperçut un ours en train de dévorer un saumon.
– Humm ! de la viande d'ours. Une couverture et des mocassins en peau d'ours-Humm ! Mais comment ferai-je, si je le tue, pour le ramener au campement ! soupira Loir-Endormi.
Loir-Endormi avait soupiré si fort que l'ours se retourna et lui demanda :
– Pourquoi te plains-tu, petit d'homme ?
– C'est toi que je plains, répondit Loir-Endormi.
– Et pourquoi donc ?
– Approche, Ours, et écoute-moi ! Je viens de voir l'orignal pousser ton petit ourson dans les chutes de la rivière !
– Ce n'est pas possible ! C'est mon ami.
L'ours poussa un terrible grognement et fonça vers la rivière.

2 Complète le tableau.

Dans le texte « Loir-Endormi », je relève :	
une phrase exclamative,	
une phrase interrogative,	
une phrase impérative.	

3 Recopie le texte et mets la ponctuation en t'inspirant du texte précédent.

Loir-Endormi retourna au gîte de l'orignal J'ai une terrible nouvelle à t'apprendre J'hésite à te le dire Parle ordonna l'animal en remuant ses terribles bois Je viens de voir l'ours courir vers la rivière Eh bien mon ami devait avoir envie de se désaltérer Hélas non sanglota Loir-Endormi Il poursuivait tes deux petits faons toutes griffes dehors J'ai bien peur qu'il ne les ait déjà dévorés L'orignal poussa un terrible beuglement et fonça vers la rivière Les deux animaux arrivèrent en même temps et se précipitèrent l'un vers l'autre Le combat fut terrifiant les charges redoutables Les deux animaux s'entre-tuèrent

Contes du bout du monde
Régis Delpeuch

Conseils :

- ***Attention ! Le texte contient des dialogues.***
- ***Utilise correctement la ponctuation adaptée.***

LE PETIT ATELIER DE PHILO

- *Benjamin est-il heureux ?*
- *Pourquoi est-il attiré par Sonoko ?*
- *Sonoko devient-elle vraiment un tigre ?*
- *Pourquoi Sonoko veut-elle « manger les petits Chinois » ?*
- *Benjamin aime-t-il sa famille ?*
- *Te sens-tu parfois seul au monde ?*
- *Notre imagination nous aide-t-elle à vivre ?*

Chiffon

Chiffon, le petit chien d' Élisabeth Calurge, la concierge, a laissé entrer un étranger dans l'immeuble. Un étranger qui semblait menacer Mademoiselle Dupuis.
Alors, Madame Calurge a appelé la police…

« Mon Dieu, Henri, pourvu qu'ils aient pu l'arrêter ! »
Madame Calurge aussi a appelé Monsieur Paulet par son prénom. Sûrement à cause de l'émotion !
« Quel malheur ! Dans notre immeuble ! Et cette pauvre Mademoiselle Dupuis ! Comment est-elle ? J'espère qu'il n'a pas eu le temps de lui faire du mal !
– Tssit ! Tssit ! Ce n'est pas le malheur qui vous attend là-haut, Élisabeth, mais une jolie surprise ! »
Monsieur Paulet, Henri, a un air très mystérieux et en parlant, un grand sourire éclaire son visage.
« Pressons, pressons. On nous attend là-haut ! Qu'est-ce que tu fais, Chiffounet ? Dans mes bras, ça ira plus vite. »
Élisabeth ne sait plus quoi penser. Malgré mon angoisse, cela me fait plaisir de dire Élisabeth pour parler de ma maîtresse. J'ai encore plein de larmes dans les yeux, ce qui me donne l'impression d'être dans le brouillard. Dans l'ascenseur, je renifle contre la poitrine toute chaude de Monsieur Paulet.
Dans ma tête, la musique résonne de plus en plus fort. Je ne sais plus du tout ce qui m'arrive.
C'est comme le jour où en jouant avec Malou, je m'étais cogné contre un réverbère*. J'avais vu plein d'étoiles. Élisabeth m'avait posé un gros pansement entre les oreilles et j'étais resté couché une journée entière, tant je me sentais faible.
Arrivé au troisième étage, j'ouvre tout grands les yeux. Est-ce que je suis devenu vraiment fou ?

La porte de l'appartement de Mademoiselle Dupuis est ouverte. C'est de là que vient la musique envoûtante. La plupart des locataires sont présents, un peu serrés car il n'y a pas beaucoup de place.
J'aperçois Monsieur Olive avec sa femme, Madame Valin, Madame Camillot, celle qui n'aime personne, Madame Levert qui n'arrête pas d'éternuer et qui s'est entourée la tête d'un immense châle, Monsieur et Madame Antonni, ceux qui ont trois chats et même Pilou et sa maman que personne n'a vu rentrer, les policiers et… Cela fait beaucoup de monde.
J'entends un grésillement* et la voix de l'agent de police devant son talkie-walkie :
« Renforts inutiles. Nous réglons le problème. Serons de retour dès que possible. »
Monsieur Paulet m'a posé sur le sol mais je ne vois rien du tout. La musique a cessé. Des chaussures autour de moi s'agitent. Soudain, je me sens enlevé dans les airs. Deux grandes moustaches me chatouillent. Ma tête tourne quand j'entends :
« TI KANEIS ? KALA ? »
Puis on me repose sur un canapé. De là, je découvre Mademoiselle Dupuis, toute rouge, qui s'arrête de rire pour expliquer aux gens qui l'entourent :
« Ça veut dire : Comment tu vas ? Bien ? »
Elle prend un carnet où elle note d'habitude ses listes de commissions et elle écrit :

Τι Κάνεις;
Καλά;

« En lettres minuscules, ça s'écrit comme cela en grec.

(à suivre p. 54)

** réverbère*
Appareil d'éclairage des rues et des places.

** grésillement*
Petits bruits secs, rapides et répétitifs.

EXPLORATION DU TEXTE

1 Dans la page 52, compte le plus rapidement possible, combien il y a de prises de parole. Dis à tes camarades comment tu fais pour réaliser la tâche le plus rapidement possible.

2 Est-il facile de dire rapidement qui parle ? Reprends les paroles de chaque personnage et ajoute les mots qui précisent au lecteur qui parle et comment.

3 Situe dans le texte, à l'aide de la numérotation des lignes, les phrases et fragments de phrase ci-dessous.

– *Je renifle contre la poitrine…*
– *Je me sens enlevé dans les airs.*
– *Une grande main me caresse la tête.*
– *Pilou m'apporte une soucoupe.*

4 Cite des mots compris entre la ligne 130 et la fin du texte qui contiennent le son [ɑ̃] écrit de quatre façons différentes.

LANGAGE ORAL

1 Choisis une partie du texte que tu liras à tes camarades. Écoute leurs observations et fais une deuxième lecture en tenant compte des différentes remarques.

COMPRÉHENSION DU TEXTE

1 Qui raconte cette histoire (le narrateur) ? Relève dans le texte des éléments qui justifient ta réponse.

2 Où se passe cette histoire ?

3 *Les personnages sont nombreux.* Essaie de tous les citer et présente-les dans l'ordre d'apparition dans le texte.

4 En quelle langue communiquent-ils parfois ? Pourquoi ?

5 Pourquoi le policier éteint-il son appareil sans répondre à la question qu'on lui pose ?

6 Quelle est la préoccupation d'Élisabeth au début du récit concernant Mademoiselle Dupuis ? Que se passe-t-il à la fin ?

7 Quelle a été l'origine du malentendu ?

8 Après la lecture du texte, imagine ce qui a pu se passer avant et raconte-le à tes camarades.

FONCTIONNEMENT DU TEXTE

1 Range ces différents événements en fonction de leur ordre d'apparition dans le texte.

A ↪ Le petit chien Chiffounet est dans l'ascenseur reniflant la poitrine de M. Paulet.
B ↪ Monsieur Paulet invite tout le monde à se rendre au troisième étage.
C ↪ Les moustaches de Vassilis chatouillent le petit chien.
D ↪ Le petit chien et Élisabeth alertent les locataires de l'immeuble : un intrus armé d'un fusil vient de rentrer.
E ↪ Vassilis ouvre la boîte et montre un curieux instrument.
F ↪ Chiffounet joue avec Malou et se blesse.
G ↪ Pilou apporte une soucoupe d'eau fraîche au petit chien.
H ↪ L'agent de police communique avec son talkie-walkie.

En utilisant les lettres, porte ces différents moments sur la ligne du temps.

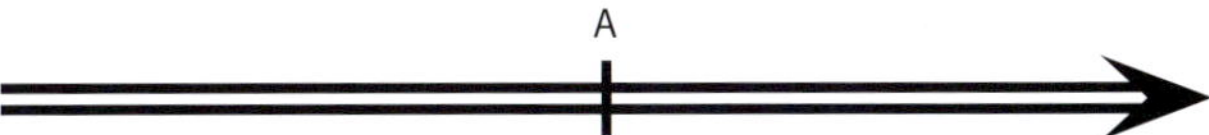

Recherche dans le texte un événement qui s'est déroulé entre le moment H et le moment G.

Chiffon

Chiffon • *Coll. « Lecture en tête »*
Vonny Dufossé • *© Sedrap Jeunesse*

(suite de la p. 52)

– Comme c'est joli !, s'exclament les locataires.

– Et comment dit-on *Merci beaucoup* ?, » demande Pilou.

Moi, qui ai tout compris, je voudrais pouvoir répondre : EFGARISTO PARA POLI, c'est bien ça que m'avait crié l'étranger quand je lui avais ouvert la porte.

« Efgaristo para poli », chante presque Mademoiselle Dupuis et elle inscrit :

Ευχαριστώ
παρά πολύ

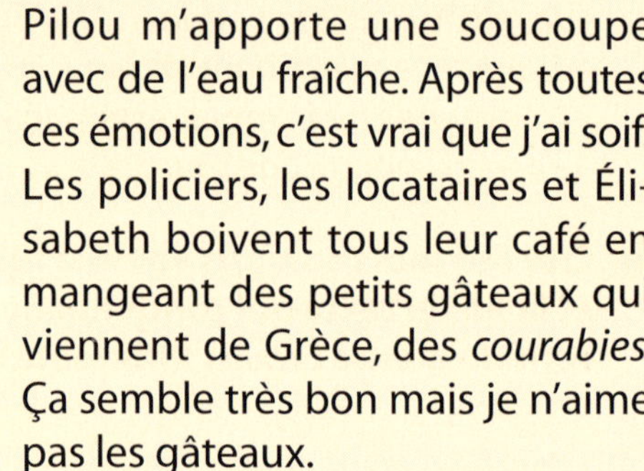

Tous les habitants répètent « Efgaristo », même ma maîtresse (euh ! Élisabeth !) dont les yeux brillent.

Même le policier face à son talkie-walkie : *Efgaristo*.

On entend un sifflement bizarre, une voix qui hurle :

« Quoi ? Je comprends mal ! Le suspect s'appelle Ef... Ef... Répétez. »

Mais le policier éteint son appareil, prend un drôle d'objet qui ressemble à une petite louche et aide Mademoiselle Dupuis à remplir des tasses.

« C'est du café grec. Avant de le boire, il faut attendre que le marc descende au fond de la tasse », commente Monsieur Olive qui a passé ses dernières vacances à Athènes.

Tout le monde s'installe en rond autour du canapé où l'on m'a déposé. Une grande main me caresse la tête. Je suis heureux et tout excité de constater que Mademoiselle Dupuis se porte à merveille. J'ai séché mes larmes avec ma langue et je vois, je vois, assis à côté de moi, l'étranger avec ses cheveux frisés, ses yeux doux, ses moustaches qui frémissent.

Mademoiselle Dupuis explique :

« Je vous présente Vassilis, mon fiancé. Nous nous sommes connus en Grèce. C'est là-bas que nous allons nous marier, dans son pays qui deviendra un peu le mien. La France aussi deviendra un peu le pays de Vassilis. C'est cela qui est merveilleux. »

Je regarde Élisabeth. Elle penche légèrement la tête. Je crois deviner qu'elle est un peu honteuse d'avoir si mal accueilli Vassilis. Je suis sûr qu'elle n'achètera plus les horribles journaux qui lui font croire que les étrangers sont des voleurs et des assassins.

Mon ami grec tourne son visage vers moi et dit très fort :

« Kai ligo néro ya to skilaki.

– Et un peu d'eau pour le petit chien », traduit Mademoiselle Dupuis.

Pilou m'apporte une soucoupe avec de l'eau fraîche. Après toutes ces émotions, c'est vrai que j'ai soif. Les policiers, les locataires et Élisabeth boivent tous leur café en mangeant des petits gâteaux qui viennent de Grèce, des *courabies*. Ça semble très bon mais je n'aime pas les gâteaux.

Vassilis et Mademoiselle Dupuis se tiennent par la main. Ils ont l'air très émus et comme ils s'embrassent, j'ai à nouveau l'impression que des poils poussent dans les oreilles du professeur.

« Bon voyage en Grèce ! Heureux mariage ! », crie l'assemblée.

Moi, je pousse des petits aboiements pour dire la même chose.

Mais voilà que Vassilis passe derrière le canapé. Il se penche, attrape une longue boîte. Mon Dieu ! L'é, l'ét..., l'étui ! C'est l'étui avec lequel il menaçait Mademoiselle Dupuis. L'étui à fusil !! Je n'y comprends plus rien. Je me précipite entre les jambes de ma maîtresse. Pendant ce temps, Vassilis a ouvert la boîte et en sort un instrument curieux, tout rond, renflé à une extrémité et long à l'autre bout, avec des cordes et de magnifiques dessins incrustés sur le bois.

Un instrument de musique !

Voilà ce qu'Élisabeth et moi nous avions pris pour un fusil !

Tous demandent :

« Oui, oui, jouez-nous encore du bouzouki. »

(...)

Le singulier, le pluriel dans le GN

JE DÉCOUVRE

1 Lis les deux textes ci-dessous.

Texte 1

Le policier, la locataire et Élisabeth boivent leur café et mangent le gâteau.
Le jeune homme a l'air très ému.
J'ai l'impression qu'un long poil pousse dans l'oreille du professeur.
Moi, je pousse un petit aboiement pour dire la même chose que l'adulte !

Texte 2

Les policiers, les locataires et Élisabeth boivent leur café et mangent les gâteaux.
Les jeunes hommes ont l'air très émus.
J'ai l'impression que de longs poils poussent dans l'oreille du professeur.
Moi, je pousse de petits aboiements pour dire les mêmes choses que les adultes.

Compare les groupes nominaux surlignés dans les deux textes et complète le tableau.
Fais apparaître en rouge les différences.

texte1		texte 2	
GN surlignés	articles	GN surlignés	articles

Observe les éléments du texte 2.
Qu'est-ce qui te permet de dire que les mots sont au pluriel ?

JE RETIENS

Le groupe nominal peut être au singulier ou au pluriel : c'est le nombre.
Le nombre sert à marquer :
• que l'on parle de plusieurs êtres ou de plusieurs choses ;
*Ex : **le policier → les policiers.***
• la différence de sens de certains mots.
*Ex : **un ciseau (instrument pour travailler le bois).***
→ des ciseaux (instrument de deux lames pour tailler le papier ou le tissu).

JE M'ENTRAÎNE

1 Complète chaque phrase avec le mot qui convient.
Souligne, dans la phrase, les mots qui t'aident à choisir.

→ souliers – chemise – cravates – chapeau

- Il doit repasser cette ...... bien froissée.
- Toutes ses ...... sont rangées dans l'armoire en fonction des couleurs.
- Le ...... porté par ma mère pour la cérémonie a fait sensation par son originalité.
- Elle a mis des ...... assortis à la couleur de sa robe.

2 Recopie le texte.
Choisis, pour chaque mot surligné, le déterminant qui convient.

Tout le monde s'installe autour [du / des] canapé où l'on m'a déposé. [Une / Des] grande main me caresse. J'ai séché [ma / mes] larme avec [ma / mes] langue et je vois assis près de moi [les / l'] étranger avec [son / ses] cheveux frisés, [son / ses] yeux doux et [ses / sa] moustache qui frémit.

3 Recopie les mots surlignés qui sont au pluriel.

- Il a un corps d'athlète.
- Sa chambre est pleine de jouets.
- Elle connaît plusieurs danses.
- Mon frère souffre d'un abcès dentaire.
- Le colis est parti par la poste.
- Depuis l'été, les puits sont à sec.

4 Réécris les phrases suivantes en mettant les GN surlignés au pluriel.

- Je ne peux plus faire un travail fatigant.
- Je feuillette un journal d'autrefois.
- Il se souvient d'un événement passé.
- Je pose la boîte vide sur l'étagère.
- Je soigne le cheval et l'âne.
- Elle marche dans le champ.

Les rôles de la lettre « s » à la fin des mots

JE DÉCOUVRE

1 Souligne tous les mots du texte se terminant par la lettre « s », puis complète le tableau.

« Qu'est-ce que tu fais Chiffounet ? Dans mes bras ! »
… en jouant avec Malou, je m'étais cogné contre un réverbère. J'avais vu plein d'étoiles. Élisabeth m'avait posé un gros pansement entre les oreilles et j'étais resté couché une journée entière.
… J'entends un grésillement et la voix de l'agent :
« Renforts inutiles. Nous réglons le problème.
Serons de retour dès que possible. »

Je vois la lettre « s » à la fin du mot.	
Elle fait partie de l'orthographe habituelle du mot.	Elle est une marque grammaticale.

JE RETIENS

À la fin d'un mot la lettre « s » :
• fait partie de l'écriture habituelle du mot telle qu'on peut la trouver dans le dictionnaire ;
*Ex : **le corps**.*
• est une marque grammaticale :
– du pluriel,
– du verbe précédé de je – tu – nous – vous.

JE M'ENTRAÎNE

1 Tous les mots ci-dessous s'écrivent toujours avec la lettre « s » à la fin.
Range-les dans le tableau.

→ épais – jadis – inclus – mois – poids – gris – plus – Marius – exquis – gratis – frais – moins – sinus – ananas – procès – palais – hélas – atlas – hors – fils

J'entends [s].	Je n'entends pas [s].

2 Souligne les mots si la lettre « s » marque le pluriel et encadre les mots si la lettre « s » marque la fin du verbe.

Monsieur Paulet m'a posé sur le sol mais je ne vois rien du tout. Des chaussures autour de moi s'agitent. Soudain, je me sens enlevé dans les airs. Deux grandes moustaches me chatouillent. Puis on me repose sur un canapé. Mme Dupuis explique aux gens :
« Ça veut dire : comment tu vas ? »
Elle prend un carnet où elle note d'habitude ses listes de commissions.
« En lettres minuscules, ça s'écrit comme ça. »

Trouver le sens d'un mot

JE DÉCOUVRE

1 Recopie chaque phrase en remplaçant le mot surligné soit par rangée soit par s'en va.

→ s'en va : il quitte un lieu, il part.
→ rangée : suite de personnes ou de choses disposées sur une même ligne.

- Le spectateur prend sa place dans la file.
- La voiture quitte la file et s'engage sur la bretelle où elle file à toute vitesse.
- Il est interdit de stationner en double file.
- Il file, il a un train à prendre.

JE RETIENS

Le sens d'un mot dans une phrase ou dans un texte dépend des mots qui l'entourent.

JE M'ENTRAÎNE

1 Réécris chaque phrase en remplaçant le mot surligné par un mot qui a le même sens.
Tu peux utiliser le dictionnaire.

- Sylvain habite au vingtième étage d'une tour.
- Le coureur doit effectuer un tour de piste de 400 m.
- Il avance sa tour.
- Viens avec moi faire un petit tour.

2 Avec chacun des mots suivants, écris deux phrases dans lesquelles le mot aura deux sens différents.
Attention ! Le mot part peut être soit un nom, soit un verbe.

→ mine – tableau – part

Écrire la partie manquante d'un récit

J'ÉCRIS

1 **Oralement, tu as imaginé puis raconté à tes camarades (« COMPRÉHENSION DU TEXTE » question n° 8 de la page 53) ce qui a pu se passer avant l'histoire racontée dans le manuel.**
Rédige un texte qui reprend ce récit.

Conseils :

- ***Si tu utilises des dialogues, n'oublie pas la ponctuation qui convient.***
- ***Utilise un tableau de conjugaison pour l'écriture des verbes et un dictionnaire pour l'orthographe des mots.***
- ***N'oublie pas la ponctuation et les majuscules.***
- ***Avant de te lancer dans la rédaction, complète le tableau ci-contre.***
- ***La fin de ton texte doit introduire la première phrase du texte de la page 52 :*** *« Mon Dieu, Henri, pourvu qu'ils aient pu l'arrêter ! ».*

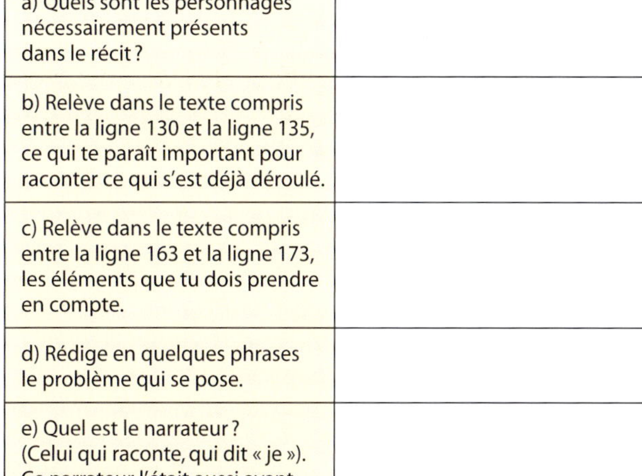

a) Quels sont les personnages nécessairement présents dans le récit ?	
b) Relève dans le texte compris entre la ligne 130 et la ligne 135, ce qui te paraît important pour raconter ce qui s'est déjà déroulé.	
c) Relève dans le texte compris entre la ligne 163 et la ligne 173, les éléments que tu dois prendre en compte.	
d) Rédige en quelques phrases le problème qui se pose.	
e) Quel est le narrateur ? (Celui qui raconte, qui dit « je »). Ce narrateur l'était aussi avant le début du texte de la page 52.	

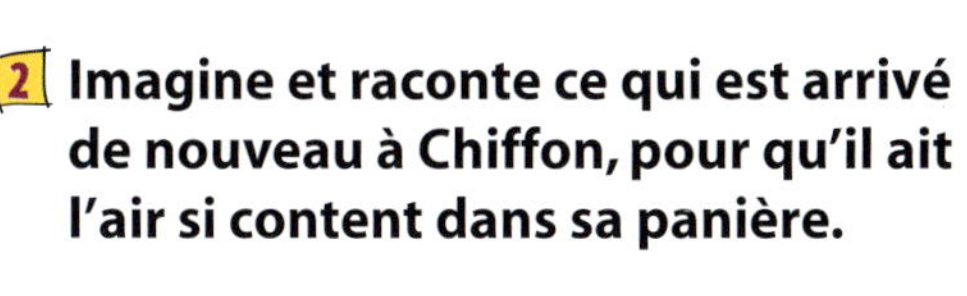

2 **Imagine et raconte ce qui est arrivé de nouveau à Chiffon, pour qu'il ait l'air si content dans sa panière.**

LE PETIT ATELIER DE PHILO

- *Pourquoi Élisabeth est-elle inquiète ?*
- *Aime-t-on se faire peur ?*
- *Faut-il se méfier de ce que l'on n'a jamais vu ?*
- *Faut-il éviter certaines lectures ?*
- *Est-ce facile d'être un étranger ?*
- *Est-on attiré par ce qui est différent ?*
- *Faut-il se fier aux apparences ?*

Crocodébile

Un bébé !

Mais quelle mouche a piqué les parents de Léo, ce jour-là ?

Léo ne leur suffisait pas ?

Pourtant c'est un enfant très sage, un enfant parfait, un enfant unique !

Alors vraiment, pourquoi en faire un autre ?

Un bébé, quelle idée idiote !

Le pire, c'est que les parents de Léo ont l'air contents d'eux…

– Tra la la la la la la, chante bêtement son père.

Mais « tra la la la la la la », c'est même pas une chanson !

Et sa mère qui se met les mains dans le dos, pour se faire un ventre plus gros.

Comme s'il ne l'était pas assez…

C'est laid, un ventre comme ça !

Et puis, réfléchissez deux secondes. Un bébé dans un ventre, ça vit où ?

Ça vit dans le ventre. Alors, ça fait pipi où ?

Hein, réfléchissez deux secondes…

Ça fait pipi dans le ventre !

Que les mamans enceintes ne s'énervent pas, mais c'est dégoûtant !

Du coup, beurk ! Léo trouve la vie moche…

Quand la vie est moche, on a du mal à s'endormir.

Dans son lit, Léo se tourne d'un côté et puis de l'autre ; il rejette son drap, puis le ramène ; il écarte son doudou, puis le récupère.

Bref, c'est le milieu de la nuit, et ses oreilles sont encore grandes ouvertes.

C'est comme ça qu'il entend des bruits dans la cuisine.

Des bruits de mâchoires qui mâchent et mastiquent.

C'est peut-être sa maman : les femmes enceintes ont faim à n'importe quelle heure.

Léo se lève pour aller la rejoindre. Elle voudra peut-être bien lui faire un câlin, malgré son gros ventre anti-câlins. Ça aiderait Léo à s'endormir…

Pour la surprendre, Léo s'approche de la cuisine à pas de loup…

Mais ce n'est pas du tout sa maman qui vide le frigidaire.

Pas du tout !

C'est un crocodile !

Et pas un petit crocodile ridicule, échappé d'un livre ou de la télévision.

Non, c'est un crocodile énorme, gigantesque, trois fois plus gros que le dernier crocodile que vous avez pu voir.

Terrorisé, Léo fait demi-tour et remonte l'escalier en huitième vitesse.

Il se précipite dans la chambre de ses parents.

Il les secoue.

Mais son père et sa mère dorment sur leurs deux oreilles, en souriant aux anges.

Ils rêvent sans doute du bébé, sans penser à Léo.

Dommage pour eux… car le crocodile entre à son tour dans la chambre. Vite, Léo s'enferme dans l'armoire. Il colle un œil au trou de la serrure…

Et voici ce qu'il voit.

(à suivre p. 60)

EXPLORATION DU TEXTE

1 Entre la ligne 1 et la ligne 27 « *... la vie moche ...* »**, compte combien de fois on trouve les mots suivants.**

→ *Léo – parents – enfant – ventre*

2 Trouve dans le texte :

- une phrase exclamative,
- une phrase interrogative,
- une phrase impérative.

3 Retrouve les mots ou groupes de mots qui signifient :

- que la vie n'est pas belle ;
- à n'importe quel moment ;
- qui a une taille très importante ;
- rire dans son sommeil ;
- s'en moquer ;
- corps sans vie du crocodile.

LANGAGE ORAL

1 Livre fermé, à voix haute, fais le résumé de l'histoire de Crocodébile.

COMPRÉHENSION DU TEXTE

1 Pourquoi Léo n'est-il pas content au début du texte ?

2 ***Léo manifeste certains reproches par rapport aux femmes enceintes.***
Lesquels ?
Qu'en penses-tu ?

3 Relève dans le texte à partir de la ligne 50, ce qui ne te paraît pas possible.
Explique pourquoi.

4 Comment Léo s'y prend-il pour récupérer ses parents ?

Cette façon d'agir est déjà évoquée dans un conte dans lequel on récupère des personnes en ouvrant le ventre d'un animal.
Lequel ?

5 ***Léo se demande*** « *... s'il a rêvé ou pas.* » *(l. 127)*.
Qu'en penses-tu ?
Justifie ta réponse avec des éléments du texte.

6 Quel est le changement d'avis de Léo par rapport au futur bébé, entre le début du récit et la fin de l'histoire ?

FONCTIONNEMENT DU TEXTE

1 Remets les différents moments ci-dessous dans l'ordre du texte.

A → Léo s'enferme dans l'armoire.
B → Léo se lève et va à la cuisine.
C → Le crocodile avale le papa.
D → Léo découvre le crocodile.
E → Léo assomme le crocodile.
F → Le crocodile avale la maman.
G → Léo délivre ses parents.
H → Léo se précipite dans la chambre de ses parents.

ordre du texte

2 Réécris les phrases de l'exercice n° 1 dans l'ordre du texte. Débute chacune d'elles par un des petits mots ou groupes de mots suivants pour organiser les différents moments.

→ *puis – ensuite – alors – un peu plus tard – quelques instants après – enfin – et*

3 En utilisant un des moments de l'exercice n° 1, donne un titre au paragraphe qui débute ligne 98 « *D'un bond...* » **et qui se termine ligne 102** « *... et paf !* »**.**

Crocodébile

Crocodébile • *dans* ***Bonnes nouvelles de Thierry Lenain***
Coll. « Bonnes nouvelles de… » • Thierry Lenain • *© Sedrap*

(suite de la p. 58)

Le monstre crocodilesque se hisse péniblement à la hauteur du gros ventre de la maman. Il le sent… le renifle… ouvre les mâchoires… et clac ! il les referme sur le ventre. Plus de bébé ! Ça fait bien rire Léo…

« Bon débarras ! » se dit-il.

Mais le crocodile rouvre les mâchoires, et revoilà le ventre. Il ne l'avait pas croqué, juste emprisonné.

– Zut ! peste Léo. Avec tout ce qu'il a déjà mangé, il n'a plus faim…

Mais tu parles, un crocodile pareil a un estomac d'enfer…

Et hop, d'une seule bouchée, il avale la maman.

– Hé ! proteste Léo dans son armoire.

Le crocodile s'en fiche. Et, rehop, d'une seule bouchée, il avale aussi le papa.

Trop, c'est trop. Il ne faut pas exagérer. Léo jaillit de l'armoire. Il crie :

– Ça va pas non ? Rends-moi mes parents tout de suite !

Le crocodile s'étonne.

« Qu'est-ce que c'est que ce pantin qui gesticule devant lui ? Remarque, ça ferait un bon dessert… »

Et l'animal rouvre les mâchoires.

– Espèce de pataud, soupire Léo, tu crois que tu me fais peur ?

D'un bond, il saute par-dessus le crocodile et l'empoigne par la queue. Il rassemble ses forces et le fait tournoyer au-dessus de sa tête.

La gueule du monstre cogne les murs… Et paf, et paf, et paf !

À la fin, il est complètement assommé.

Il croyait quoi, ce crocodébile ?

Qu'un petit garçon, c'est moins que rien ?

Bon, où sont les ciseaux ?…

Clic, clic, clic… Ça y est, Léo ouvre l'animal. Ce n'est pas facile, à cause des écailles, mais les ciseaux sont en acier !

Voici le papa… et la maman qui sourit toujours, les deux mains sur son gros ventre.

C'est incroyable, ils dorment encore !

Heureusement que Léo veille…

Léo soulève ses parents avec beaucoup de précaution.

Il les dépose délicatement dans leur lit. Puis il traîne la dépouille du crocodile sur le trottoir, près des poubelles.

Enfin, il va se coucher.

Il n'a aucun mal à s'endormir. Cette histoire a été très fatigante. Si vous avez déjà eu affaire à un crocodile, vous savez ce qu'il en est…

Le lendemain, en se réveillant, Léo se demande quand même s'il a rêvé ou pas. Il court dehors, mais le camion poubelle est déjà passé…

Alors, il va se blottir sous les draps contre le gros ventre de sa maman.

Et il dit tout bas au bébé :

– Hé ! Si tu es encore là, c'est grâce à moi ! J'espère que tu t'en souviendras… ■

Le singulier, le pluriel dans le GN

JE DÉCOUVRE

1 Lis le texte ci-dessous.

Hélas, le garçon grandit vite mais reste chétif. Ses parents ont beau le nourrir avec de la viande et de la cervelle d'ours, l'enfant se montre peu doué pour la chasse et les combats. Il préfère passer ses journées à rêver dans les bois et discuter avec les anciens. L'homme-médecine Samani serre l'adolescent contre sa poitrine, ferme les yeux et les esprits parlent par sa bouche.

Complète le tableau avec les GN surlignés.

groupe nominal	singulier	pluriel	déterminant	lettre finale du nom
le garçon	*X*		*le*	*n*

2 Classe les mots surlignés du texte ci-dessous dans le tableau.

- Il se promène dans le bois et repousse une branche du bras droit.
- Les fruits font pencher les branches. C'est bientôt le mois des récoltes.
- Sous un chêne, il voit des champignons.
- À pas de loup, il s'approche du troupeau de moutons.

La lettre « s » marque le pluriel.	La lettre « s » fait partie de l'orthographe habituelle du mot.

JE RETIENS

La différence entre singulier et pluriel dans le GN est marquée :
• par le déterminant qui précède le nom ;
– singulier : le – la – un – une – ma – son…
– pluriel : les – des – mes…
• par les lettres qui apparaissent à la fin des mots : « s » ou « x ».
Attention ! Certains noms peuvent se terminer par la lettre « s » ou la lettre « x » mais sont au singulier.
*Ex : **le bois – le vieux.***

JE M'ENTRAÎNE

1 Recopie les GN surlignés. Encadre en vert, les GN qui sont au singulier et en rouge, les GN qui sont au pluriel.
Souligne en rouge les marques du pluriel.

En mangeant des petits gâteaux, les locataires et les policiers boivent le café.
En regardant Vassilis j'ai l'impression que des poils poussent dans ses oreilles. Moi, le petit chien, je pousse de petits aboiements pour dire la même chose.
Vassilis passe derrière le canapé et attrape une boîte.
Il sort un instrument avec des cordes et des dessins incrustés sur le bois.

2 Justifie le singulier et le pluriel des noms surlignés.

Exemples : L'énorme gueule du crocodile. (L' … e : *singulier*)
Melle Dupuis remplit les tasses. (les … s : *pluriel*)

- Les parents de Léo sont contents.
- Un gros ventre déforme, pense Léo.
- Le père de Léo fredonne un air sans paroles.
- Réfléchissez quelques secondes.
- Les femmes enceintes ne doivent pas s'énerver.
- Les crocodiles ne vivent pas dans cette région.

3 Complète chaque phrase avec un des mots de la liste.

→ spectateurs – lumières – spectacle – scène – comédiens – soirée – émotions

- Nous avons assisté à un …… magnifique.
- Tout au long de la pièce, de superbes …… nous ont amusés.
- Sur la grande …… du théâtre, les acteurs pouvaient librement circuler.
- En permanence, le jeu des …… tamisées créait un climat d'angoisse.
- Tout cela nous a permis de passer une …… bien agréable.
- Surtout que nous avons eu la chance de dîner avec d'autres …… avec qui nous avons pu partager nos …… .

L'accord dans le GN

JE DÉCOUVRE

1 Complète le tableau avec les mots surlignés. Écris en rouge ce qui a changé dans le texte 2. Que constates-tu ?

Texte 1

Et pas un petit crocodile ridicule, échappé d'un livre ou de la télévision. Non, c'est un crocodile énorme, gigantesque, trois fois plus gros que le dernier crocodile que vous avez pu voir.

Texte 2

Et pas des petits crocodiles ridicules, échappés de livres ou de la télévision. Non, ce sont des crocodiles énormes, gigantesques, trois fois plus gros que le dernier crocodile que vous avez pu voir.

texte 1	texte 2

JE RETIENS

Le nombre est marqué par le déterminant et la lettre qui apparaît à la fin du nom. Dans un GN, d'autres mots peuvent porter la marque du nombre. *Ex : **des petits crocodiles.***

JE M'ENTRAÎNE

1 Écris les mots manquants du GN.

- Et l'animal rouvre ses ....
  → *énorme mâchoire – énormes mâchoires*
- Il saute par-dessus le ...... et l'empoigne par la ....
  → *crocodiles – crocodile / queue – queues*
- Il rassemble ses ...... et le fait tournoyer au-dessus de sa ....
  → *forces – force / tête – têtes*
- La gueule du ...... cogne les ....
  → *monstres – monstre / mur – murs*

2 Recopie en conservant les mots qui conviennent.

Mais [quelle / quelles] mouche a piqué les [parents / parent] de Léo ? Pourtant, c'est [des enfants / un enfant] sage.

Et sa mère qui se met [la / les] mains dans le dos pour se faire [un ventre / des ventres] plus gros.

Et réfléchissez [une / deux] secondes !

La famille de mots

JE DÉCOUVRE

1 À partir des mots suivants complète le tableau. ***Tu peux utiliser le dictionnaire.***

→ *tristesse – s'endormir – remonter – dépayser – emprisonné – tournoyer*

mot	mot qui a servi à former le 1er mot : le radical	autre mot formé à partir du radical
tristesse	*triste*	*tristement*

JE RETIENS

Plusieurs mots peuvent être formés à partir d'un même mot : c'est le radical.
radical : forme → formation, transformation
L'ensemble de ces mots forme une famille.

JE M'ENTRAÎNE

1 Avec les mots suivants, forme un autre mot de la même famille que tu utiliseras dans une phrase. ***Tu peux utiliser le dictionnaire.***

→ *content – camp – tour – fini – nom – sang*

2 En utilisant le dictionnaire, retrouve le mot à partir duquel chacun des mots suivants a été formé (le radical).

→ *gigantesque (l. 52) – incroyable (l. 114) – empoigne (l. 99) – dégoûtant (l. 26)*

Réécrire un texte en changeant de narrateur

J'ÉCRIS

1 Lis le texte ci-dessous.

Le monstre crocodilesque se hisse péniblement à la hauteur du gros ventre de la maman. Il le sent… le renifle… ouvre les mâchoires… et clac! il les referme sur le ventre. Plus de bébé! Ça fait bien rire Léo… « Bon débarras! » se dit-il.
Mais le crocodile rouvre les mâchoires et revoilà le ventre. Il ne l'avait pas croqué, juste emprisonné.
– Zut! peste Léo. Avec tout ce qu'il a déjà mangé, il n'a plus faim…
Mais tu parles, un crocodile pareil a un estomac d'enfer… Et hop, d'une seule bouchée il avale la maman.
– Hé! proteste Léo dans son armoire.

Réécris le texte en changeant de narrateur: c'est le crocodile qui raconte.
Débute le texte par:

– Je suis un énorme crocodile et…

Conseils:

- ***Avant de te lancer dans l'écriture, repère dans le texte tout ce que le crocodile ne sait pas ou ne dit pas.***

Exemple:** « Bon débarras » **se dit Léo.

- ***N'oublie pas: chaque fois qu'il s'agit du crocodile, il utilise je.***

***Exemple:** Je le sens…*

- ***Utilise un tableau de conjugaison pour cette réécriture.***

2 Relis le texte que tu as écrit et complète le tableau.

verbes du texte	nouvelle écriture
• le crocodile se hisse →	
• il le sent →	
• le renifle →	
• ouvre →	
• il les referme →	
• le crocodile rouvre →	
• il ne l'avait pas croqué →	
• il avale →	

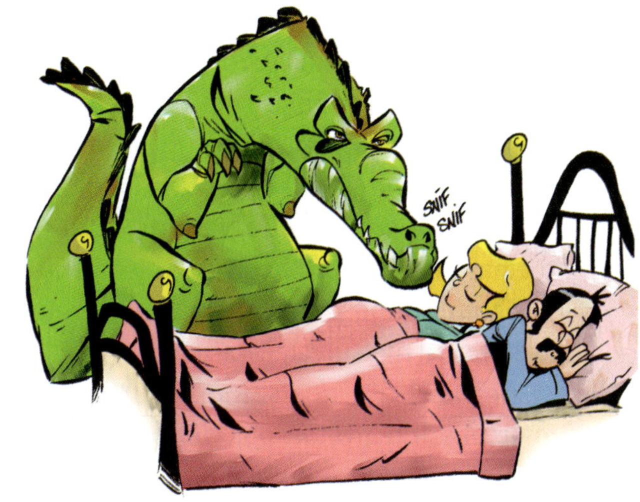

LE PETIT ATELIER DE PHILO

- *Léo est-il un enfant sage?*
- *Que pense Léo du nouvel arrivant dans la famille?*
- *Que vient faire le crocodile dans cette histoire?*
- *Léo a-t-il changé au cours de l'histoire?*
- *L'amour peut-il se partager?*
- *Préférons-nous aimer ou être aimé?*
- *T'arrive-t-il de prendre tes rêves pour la réalité?*

Casse-bonbons

Je n'ai vraiment pas eu de chance. C'était moi le plus petit de la classe, plus petit encore que toutes les filles. Le jour de la rentrée, ils se sont bien moqués de moi.

– Tu t'es trompé d'école. C'est à la maternelle qu'il faut aller.

J'avais tellement envie de pleurer que je me suis caché au dernier rang.

Le maître m'a découvert par hasard. Il m'a obligé à venir m'asseoir juste devant lui. Mais ils se sont encore moqués de moi, à cause de mes jambes qui faisaient de la balançoire sous la chaise. J'ai serré les poings. Je me vengerai.

Dans la cour de récré, au début, ils m'ont traité de « minus », de ouistiti* et même de microbe.

Le chef de bande, c'était Jérôme. Tout le monde lui obéissait sans discuter. Il était grand, très fort. Il faisait peur. À moi, encore plus. Dès que je le voyais s'approcher, je me faisais encore plus petit. Mais c'était impossible. Je ne pouvais tout de même pas me transformer en nain ! Je m'enfuyais le plus loin que je pouvais, sans me retourner. Peut-être qu'il me suivait ?

C'est Bernard qui m'a sauvé. Pourtant je ne l'aimais pas. Il n'arrêtait pas de répondre juste à toutes les questions du maître.

Bernard a dit à Jérôme que d'accord j'étais petit mais qu'on n'avait pas le droit de se moquer des petits. Il lui a même dit :

– Et si on se mettait à se moquer des grands, comme toi, qu'on les traitait de girafes ?

Il a eu du courage, Bernard, et un œil au beurre noir pendant que dans la cour tout le monde criait :

– Du sang ! du sang !

Bernard a pleuré. On est devenus copains. Et même des garçons et des filles qui ne me parlaient pas sont venus me voir. Ils m'ont dit que c'était pas important d'être petit. Qu'est-ce qu'ils en savaient ? Mais ils m'ont fait plaisir quand même.

Et il y a eu deux bandes dans la classe. La bande de Jérôme et la bande à Bernard. Moi, j'étais le sous-chef. Vu ma taille, j'aurais dû être le sous-sous-sous-sous-chef. Avec Bernard, on imaginait tous des plans invraisemblables pour que Jérôme arrête de faire son crâneur*.

Le maître, M. Patte, a deviné. Il nous a fait une grande leçon de morale à la place du cours de mathématiques prévu à cette heure-là.

Une classe, il a dit, c'est comme un pays. On a tous le droit de vivre dedans, les petits et les grands, les gros et les maigres. En même temps, M. Patte a parlé des couleurs, des noirs et des blancs, des clairs et des foncés. Ce n'était pas un cours de dessin mais de l'instruction civique, comme il disait. Et à la fin on devait se réconcilier.

À la récréation, il y a eu juste une pause. Les deux bandes, on s'est regardés de travers. On n'a pas voulu se battre. On n'a pas voulu s'insulter.

(à suivre p. 66)

** ouistiti*
Petit singe d'Amérique.

** crâneur*
Qui est prétentieux, vaniteux.

EXPLORATION DU TEXTE

1 À partir de la ligne 79, combien comptes-tu de paragraphes ?
Pour chacun d'eux, cite le premier et le dernier mot.

2 Recherche le plus rapidement possible à quelle ligne du texte se trouve :

- *« Il faisait peur. »*
- *« … la bande à Bernard. »*
- *« … mais de l'instruction civique… »*
- *« Au bout d'une semaine, … »*

3 Dans le paragraphe *« Le chef de bande… me suivait ? » (l. 16 à 23)*, **relève :**

- un mot dont la lettre « s » ne se prononce pas ;
- un mot dont la lettre « s » transcrit le son [ʒ] ;
- un mot dont la lettre « s » transcrit le son [s].

4 Retrouve les expressions qui disent :

- les jambes de l'enfant sont trop courtes et se balancent.
- à quoi on peut comparer les grands.

LANGAGE ORAL

1 Livre fermé, présente à tes camarades la partie du texte qui raconte la bagarre entre Bernard et Jérôme.

COMPRÉHENSION DU TEXTE

1 Pourquoi la rentrée scolaire est-elle difficile pour le héros de l'histoire ?

2 Pourquoi l'enfant qui raconte l'histoire n'aime-t-il pas Bernard ?

3 Pourquoi le narrateur et Bernard sont-ils devenus copains ?

4 Que fait Monsieur Patte pour que tous les élèves puissent se réconcilier ?
Cette action a-t-elle été efficace ?
Pourquoi ?

5 Quelle est la solution imaginée par Bernard pour se venger de Jérôme ?

6 Quelles sont les deux bandes qui se sont formées au début du récit ?
Quelles sont les deux bandes que l'on retrouve à la fin du récit ?
Comment se sont-elles formées ?

7 Relève dans le texte les éléments qui pourraient accompagner l'illustration de la page 66.

FONCTIONNEMENT DU TEXTE

1 Recopie et complète le tableau.

texte	les personnages	Le héros, que fait-il ?
de la ligne 1 à la ligne 23		
de la ligne 24 à la ligne 40		
de la ligne 41 à la ligne 49		
de la ligne 50 à la ligne 56		
de la ligne 57 à la ligne 68		
de la ligne 69 à la ligne 99		
de la ligne 100 à la ligne 108		
de la ligne 109 à la fin		

2 Recopie les propositions que tu retiens.

Au début, le héros est…
- heureux.
- malheureux.
- chef de bande.

À la fin, le héros est…
- heureux.
- malheureux.
- chef de bande.

3 Quel est le problème que rencontre le héros au début du récit ?

4 À la fin du récit, le héros a-t-il résolu le problème ?

Casse-bonbons

Casse-bonbons • *dans* ***Les nougats*** • *Coll. « Pocket Jeunesse »*
Claude Gutman • © *Nathan*

(suite de la p. 64)

Avec Bernard, on a juste continué à chercher comment se venger. Le maître, lui, nous observait de loin en fumant une cigarette qui donne le cancer, comme il nous l'avait expliqué un jour, pendant au moins un quart d'heure.

La classe a repris après la sonnerie qui fait trembler les murs et qui nous fait dire des gros mots qu'on n'a surtout pas le droit de dire. Mais on les dit quand même.

Comme je revenais de la maison pour l'après-midi, Bernard s'est précipité vers moi.

– J'ai trouvé. J'ai trouvé.

Il m'a soufflé sa trouvaille à l'oreille. On a tellement ri qu'on a oublié la sonnerie.

M. Patte nous a punis. On était en retard. Bernard a gagné le droit de lire *Le Chat botté* et de le résumer en dix lignes. J'ai gagné un exposé sur la vie des fourmis et la signature de papa. Mais Bernard et moi, on était tellement contents !

Le lendemain, avant la cantine, toute notre bande s'est réunie autour de moi. Je suis sorti de l'école cinq minutes plus tard devant la bande à Jérôme qui ne comprenait rien à mon sourire.

Bernard s'était juste aperçu que j'étais le seul qui ne mangeait pas à la cantine. Et, en route vers la maison, j'essayais de ne pas oublier les commandes à acheter au retour, à la boulangerie. Trois roudoudous* pour David, cinq Carambar pour Nadia, deux bananes pour Djamel et les Malabar, les rouleaux de réglisse…

Dès que je suis arrivé à la grille, la bande a couru vers moi. J'ai fait la distribution. La bande à Jérôme nous regardait. Et nous, on mastiquait lentement, en montrant bien nos bonbons.

Au bout d'une semaine, Gérard et Aminata ont quitté la bande à Jérôme. Au bout d'un mois, c'était presque toute sa bande qui était rentrée dans la nôtre. On voyait Jérôme tout seul, dans la cour, qui nous regardait manger. Bernard avait gagné.

Moi, je trouvais qu'on était vraiment méchants avec Jérôme. On n'avait pas le droit de lui faire ça. Alors, un jour, devant toute la bande, j'ai pris mon courage à deux mains et un chewing-gum. Je me suis approché de Jérôme. Je lui ai tendu mon Malabar. D'abord, il a fait comme si je n'existais pas. Et puis Jérôme m'a fait un grand sourire. Il a pris le Malabar. Il m'a serré la main. La guerre était finie.

Bernard m'a dit que je n'avais pas la permission, que c'était lui, le chef. Il m'a insulté. On s'est tous encore dit des mots qu'on n'a pas le droit d'écrire. On s'est donné des coups de pied dans les tibias. Et dans la classe, on a eu deux nouvelles bandes. La mienne avec Jérôme comme sous-chef et celle de Bernard.

Ils m'ont traité de « casse-bonbons ». Qu'est-ce que ça pouvait bien me faire puisque j'étais le seul, à midi, à pouvoir en manger autant que je voulais ?

** roudoudou*
Confiserie faite d'une pâte coulée dans un coquillage ou une petite boîte de bois ronde, qu'on lèche.

Le masculin, le féminin dans le GN

JE DÉCOUVRE

1 Lis le texte ci-dessous.

La classe a repris après la sonnerie qui fait trembler les murs et qui nous fait dire des gros mots chacun notre tour.
Comme je revenais de la maison, Bernard s'est précipité vers moi.
Au pied de la tour, il m'a soufflé sa trouvaille à l'oreille.
Il a gagné le droit de lire le Chat botté et de le résumer en dix lignes. J'ai gagné un exposé sur la vie des fourmis et la signature de papa.

Complète le tableau avec les GN surlignés.

GN au masculin	GN au féminin

Certains GN sont au pluriel.
Comment as-tu fait pour les classer dans l'une et l'autre des colonnes ?

Un mot se trouve dans les deux colonnes.
Explique pourquoi.

Pourquoi peux-tu dire que les mots sont masculins ou féminins ?

JE RETIENS

Un GN est soit masculin soit féminin.
C'est ce qu'on appelle le genre.
Le genre permet :
• de différencier des sexes ;
Ex : un chien – une chienne
• de distinguer le sens de mots qui ont la même prononciation.
Ex : un tour – la tour
Le genre dépend du déterminant qui accompagne le GN :
• masculin : un – le – mon...
• féminin : la – une – ma...
Au pluriel, les articles sont les mêmes pour le masculin et le féminin : les – des...

JE M'ENTRAÎNE

1 Écris le genre (masculin ou féminin) après chaque GN surligné.

Alors, un jour (......), devant toute la bande (......), j'ai pris mon courage (......) à deux mains (......) et un chewing-gum (......).
Et puis Jérôme m'a fait un grand sourire (......) et il m'a serré la main (......). La guerre (......) était finie.
Bernard m'a dit que je n'avais pas la permission (......), que c'était lui le chef (......). On s'est tous dit des mots (......).
On s'est donné des coups de pied (......) dans les tibias (......) Et dans la classe (......) on a eu deux nouvelles bandes (......).

2 Complète chaque phrase en écrivant le GN manquant.

• Nous avons réalisé une magnifique tarte dans ...... apporté par la maîtresse.
↪ *un moule : objet creux.*
↪ *une moule : animal comestible vivant dans l'eau.*

• Dans le bois, ... pousse au pied de l'arbre.
↪ *le mousse : apprenti marin.*
↪ *la mousse : plante.*

• Le voyageur fait porter ...... auprès de la voiture.
↪ *le mâle : individu de sexe masculin.*
↪ *la malle : grand coffre.*

• Jérôme a déchiré ...... de sa veste pendant la bagarre.
↪ *le manche : partie d'un outil.*
↪ *la manche : partie d'un vêtement.*

3 Réécris le texte ci-dessous en remplaçant maîtresse par maître.

La nouvelle maîtresse est arrivée seulement deux jours après la rentrée. C'est une grande dame habillée de noir.
Elle n'a pas eu encore le temps de se présenter et de faire connaissance.
Remarquez qu'une grande maîtresse vêtue de noir, cela ne surprend personne.

Les rôles de la lettre « e » à la fin des mots

JE DÉCOUVRE

1 Complète le tableau avec les mots surlignés.

Le chef de bande, c'est Jérôme. Tout le monde lui obéit. Il est grand et fort. Dès qu'il s'approche, je m'éloigne. Mais parfois c'est impossible.
Le maître a fait une grande leçon de morale. La couleur des hommes, noire ou blanche, claire ou foncée n'a pas d'importance.

La lettre « e » appartient à l'orthographe du mot dans le dictionnaire.	La lettre « e » marque le féminin.	La lettre « e » marque la fin d'un verbe.

JE RETIENS

La lettre « e » à la fin d'un mot :
• appartient à l'orthographe du mot dans le dictionnaire ;
Ex : la bande
• marque le féminin ;
Ex : petite
• marque la fin d'un verbe.
Ex : je me venge ; il joue

JE M'ENTRAÎNE

1 Recopie le texte ci-dessous. Souligne les mots qui se terminent par la lettre « e » :
• en vert, si la lettre « e » fait partie de l'orthographe du mot dans le dictionnaire ;
• en bleu, si la lettre « e » marque le féminin ;
• en rouge, si la lettre « e » marque la fin d'un verbe.

– Tu es chinoise ?
– Non ! japonaise. Je m'appelle Sonoko. J'habite Paris.
Elle pousse un soupir.
– Mais à l'école, on m'appelle la Chinoise.
La rue semble froide, vide, le soir tombe.
La petite fille accompagne encore quelques pas Benjamin.

2 Réécris les phrases suivantes en remplaçant les mots les souris par la souris.
Attention aux modifications orthographiques.

Aujourd'hui c'est la fête : le chat n'est pas là et les souris dansent. Quand elles seront grandes, elles iront au bal et tout le monde les admirera.
Alors, les gentilles petites souris n'auront plus peur du chat.

Construire un champ lexical

JE DÉCOUVRE

1 Dans le texte de la page 64, de la ligne1 à la ligne 40, relève tous les mots et toutes les expressions qui pour toi évoquent l'école.

2 Dans la même partie du texte, relève les mots ou les expressions qui évoquent pour toi la taille des personnes.

JE RETIENS

Un champ lexical, c'est l'ensemble des mots ou expressions que l'on peut utiliser pour évoquer un thème précis.
*Ex : **l'école.***
la classe – la maternelle – la cour de récréation – le maître…

JE M'ENTRAÎNE

1 Dans le texte suivant, relève les mots et les expressions qui constituent le champ lexical de l'autorité.

Le chef de bande, c'était Jérôme. Tout le monde lui obéissait sans discuter. Il était grand, très fort. Il faisait peur. À moi, encore plus. Dès que je le voyais s'approcher, je me faisais encore plus petit. Mais c'était impossible. Je ne pouvais tout de même pas me transformer en nain. Je m'enfuyais le plus loin que je pouvais.

2 Construis le champ lexical de « moyens de transport ».

• voiture – ......

Argumenter

J'ÉCRIS

1 Lis le texte ci-dessous.

Bernard a dit à Jérôme que d'accord j'étais petit mais qu'on n'avait pas le droit de se moquer des petits.
Il lui a même dit :
– Et si on se mettait à se moquer des grands, comme toi, qu'on les traitait de girafes ?

Combien d'arguments Bernard donne-t-il à Jérôme ?
Le premier se trouve dans le récit, le deuxième dans les paroles prononcées.

Réécris le texte en faisant parler Bernard. Débute le premier argument par « Tout d'abord » et le deuxième par « Ensuite ».

– D'accord, il est ......

2 Lis le texte ci-dessous.

Bernard m'a dit que je n'avais pas la permission, que c'était lui, le chef. Il m'a insulté. On s'est tous encore dit des mots qu'on n'a pas le droit d'écrire. On s'est donné des coups de pied dans les tibias.

Réécris ce petit texte en utilisant les expressions :

Tout d'abord ......
Ensuite ......
Enfin ......

3 Lis les deux phrases ci-dessous.

• La classe a repris après la sonnerie qui fait trembler les murs.
• L'enseignement donné a recommencé après le son produit par la cloche qui agite les murs de petits mouvements qu'on ne peut empêcher.

Compare ces deux phrases.
Souligne dans la deuxième phrase ce qui a changé.
Explique comment ces transformations ont été réalisées.
Aide-toi du dictionnaire.

À ton tour, réalise les mêmes transformations à partir d'une de ces deux phrases.

• Il m'a soufflé sa trouvaille à l'oreille.
• On mastiquait lentement en montrant bien nos bonbons.

4 Retrouve, page 64, la phrase du texte qui correspond à la réécriture suivante.

Ce n'était pas une leçon de dessin mais de l'enseignement sur les devoirs du citoyen.

Complète le tableau ci-dessous.

mots de la phrase du texte qui ont été modifiés	mots qui correspondent dans la phrase réécrite

LE PETIT ATELIER DE PHILO

- *Le « petit » agit-il toujours bien dans cette histoire ?*
- *A-t-il de vrais amis ?*
- *Que cherche-t-il principalement ?*
- *Peut-on en général faire confiance à ses amis ?*
- *Les enfants aiment-ils les bagarres et les disputes ?*
- *Tous les moyens sont-ils bons pour obtenir ce que l'on veut ?*
- *Pourquoi y a-t-il un décalage entre les paroles et les actes ?*

Le théorème* de Mamadou

Le directeur de l'école nous avait prévenus, le nouveau maître était un peu poète, c'est sûrement à cause de ça qu'il avait l'air un peu perdu quand il est entré dans la salle de classe. Il nous a tous observés, nous a dit bonjour…

… et juste pour tester mon pouvoir magique d'hypnose*, je l'ai aimanté des yeux en prononçant la formule dans ma tête « tu vas me regarder, tu vas me regarder » et ça a marché. Il m'a fixé et nos regards se sont arrêtés l'un sur l'autre. J'ai tenu sans fermer une seule fois les paupières pendant trente secondes. Puis, il nous a fait signe de nous asseoir.

Il y avait quelque chose de triste sur son visage, comme si un TGV lancé à fond sur ses rails était passé à un millimètre de sa vie. Debout devant le tableau, il a commencé le cours en me jetant sans arrêt des coups d'œil. J'aimais bien les picotements de cette électricité qui passait entre nous. Il a raconté comment on écrivait une histoire, où on pouvait trouver de l'inspiration, comment on pompait les idées du cœur pour en faire de l'encre à stylo. Plus il parlait et plus mon attention se concentrait sur ses paroles, des pépites d'or.

À ce moment, alors qu'il circulait dans le rang juste à côté de moi, il a dit quelque chose qui a résonné dans mon cœur. Notre chance à nous, êtres humains, c'était de pouvoir lire des livres et profiter de l'histoire des autres pour enrichir la nôtre. Se cultiver et se nourrir étaient des… ? Il a lancé la question en l'air. « des … ? »

Les élèves se sont mis à chercher dans leur tête une réponse, les yeux en l'air, le menton posé dans les mains, quelquefois le doigt dans le nez, en suivant les méandres de la question qui flottait dans l'air et retombait tout doucement sur le sol.

« Des mots, m'sieur ! » a proposé Céline.

Le suspens montait.

La réponse était juste, mais insuffisante. « Oui, mais des … ? »

« Des verbes ! » a trouvé Mohamed.

Réponse juste, mais toujours insuffisante. Et la question qui continuait de s'approcher du sol, accompagnée des yeux chercheurs des élèves…

« Oui, bien sûr, mais des … ? »

Et finalement, trop tard, la question a touché terre et s'est couchée telle une feuille morte sous son arbre d'automne. Les élèves étaient déçus de ne pas l'avoir saisie au vol et le maître a livré la réponse. C'était « synonymes ». « Ah oui… » ont fait certains. Ensuite, il a demandé ce que signifiait ce mot. Cette fois je me suis précipité : « Qui ont la même signification, m'sieur ! »

« Bien Mamadou… hum, hum… il faut lever le doigt pour répondre… »

Je me suis excusé, mais j'étais content de moi. Se cultiver, c'était comme cultiver la terre, la nourrir pour se nourrir. Les ondes que j'envoyais au maître étaient gagnantes.

En vérité, ce qu'il racontait m'avait touché le cœur, peut-être plus que mes camarades, à cause de mes grands-parents : ils sont analphabètes*. Ils n'ont pas eu la chance d'aller à l'école dans leur pays, parce qu'ils ont été obligés de travailler très jeunes aux champs pour pouvoir manger. Aujourd'hui, à cause de leur grand âge et des maladies qui les attaquent de partout, ils font des séjours fréquents à l'hôpital. Je vais leur rendre visite avec mes parents. Et à chaque fois, je me rends compte d'un vide : les pauvres, ils s'ennuient à mourir.

(à suivre p. 72)

** théorème*

Proposition qu'on peut démontrer.

** hypnose*

Sommeil artificiel.

** analphabète*

Qui n'a pas appris à lire et à écrire

EXPLORATION DU TEXTE

1 ***Mamadou définit les synonymes comme des mots « qui ont la même signification ».***
Recherche dans le texte un synonyme de :

- *récit (entre la ligne 20 et la ligne 27),*
- *s'éduquer (entre la ligne 30 et ligne 40),*
- *nombreux (entre la ligne 76 et la ligne 85).*

2 **Dans la partie du texte comprise entre la ligne 40 « *Les élèves…* » et la ligne 68 « *… gagnantes.* », combien comptes-tu de prises de parole ?**

3 **Recherche dans le paragraphe « *En vérité…* » *(l. 69)* « *… de la classe.* » *(l. 98)* :**

- deux mots qui s'écrivent toujours avec la lettre « s » à la fin ;
- un mot dont la lettre « s » marque la fin d'un verbe ;
- le nombre de phrases, entre la ligne 69 et la ligne 85.

LANGAGE ORAL

1 **Choisis une partie du texte que tu présenteras à tes camarades soit de mémoire, soit en le lisant à voix haute.**

COMPRÉHENSION DU TEXTE

1 ***Le nouveau maître était un peu poète.***
Cherche le mot poète dans le dictionnaire. Quel sens lui donnes-tu ici, dans le texte ?

2 **Qui raconte cette histoire ? Cite des éléments du texte qui justifient ta réponse.**

3 **Quel est le pouvoir magique de Mamadou ? En quoi consiste-t-il ?**

4 **Pourquoi les grands-parents de Mamadou s'ennuient-ils à mourir ?**

5 **Relève entre la ligne 99 et la ligne 119 les éléments du texte utilisés par Mamadou pour montrer la vieillesse de ses grands-parents.**

6 ***Mamadou dit que la tristesse l'a isolé du reste de la classe.* Pourquoi ?**

7 **Quelle question Mamadou pose-t-il et que répond le maître concernant la mémoire ?**

8 **Quelle conclusion (quel théorème) Mamadou déduit-il de la réponse du maître ?**

FONCTIONNEMENT DU TEXTE

1 ***Voici différents moments du récit.***
Remets-les dans l'ordre dans lequel ils apparaissent dans le texte.

A ↪ Le nouveau maître nous fait signe de nous asseoir.
B ↪ Mohamed a répondu.
C ↪ Le directeur nous avait prévenus.
D ↪ Le maître a posé une question.
E ↪ Le nouveau maître entre dans la classe.
F ↪ Le maître a donné sa réponse et a posé une autre question.
G ↪ Céline a répondu.
H ↪ Mamadou répond sans lever le doigt.
I ↪ Le maître nous raconte comment on écrit une histoire.
J ↪ Le nouveau maître et Mamadou se sont fixés longuement.

2 **En utilisant les lettres, porte les différents moments sur la ligne du temps.**

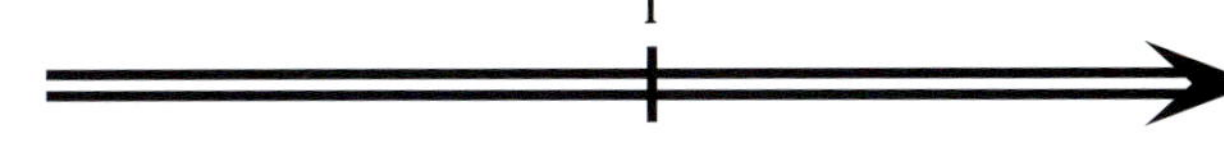

3 **Trouve dans le texte, un moment que tu peux situer entre le moment A et le moment I.**

4 **Imagine un moment qui aurait pu se situer avant le moment C.**

Le théorème de Mamadou

Le théorème de Mamadou
Azouz Begag • © *Seuil Jeunesse*

(suite de la p. 70)

Ils ne savent pas lire et c'est une grande tristesse. Comme, en plus, ils ne parlent pas bien le français, ils ne peuvent même pas tuer le temps à regarder la télévision.

Alors, ils restent là, allongés sur leur lit de malade toute la journée, ils regardent par la fenêtre les changements de saison, le vent qui s'amuse dans les feuillages, les flocons de neige qui tombent dans le silence de la ville.

Souvent, je pense à leur sécheresse et des vagues de larmes se forment au bord de mes cils.

Pendant un moment, la tristesse m'a isolé du reste de la classe.

Quatre-vingt-dix ans, c'était l'âge de mes grands-parents. Ça faisait un bon paquet et déjà beaucoup de couches de souvenirs entassées au fond de leur cageot. Ils avaient des trous partout dans leur vie, le moindre courant d'air qui traînait par là s'y engouffrait et les clouait au lit pendant des semaines entières, leur peau se froissait comme les pages d'un vieux cahier aux lignes de plus en plus profondes, leurs dents abandonnaient leurs mâchoires et leurs lèvres étaient aspirées vers l'intérieur…

Je me suis réveillé au moment où le maître demandait si quelqu'un voulait poser une question. Une nouvelle fois, j'ai levé le doigt le premier.

« Maître, vous avez quel âge ? »

La question l'a étonné, il a souri, mais il a quand même répondu « quarante-cinq ans ». J'allais poursuivre, mais soudain les élèves se sont mis à chuchoter, les uns disaient que ce n'était pas vieux, un autre s'est exclamé « aïe, comme mon père ! », un autre encore fait remarquer que le maître faisait plus jeune que son âge. Moi, j'avais toujours la bouche ouverte, avec une phrase à moitié dedans et à moitié dehors, comme une merguez. Le maître a dû demander le silence.

Bien sûr, j'avais une idée en tête, la vieillesse de mes grands-parents.

« Mamadou, tu peux terminer ta question ? »

J'ai essayé de me reconcentrer sur ma merguez coupée en deux :

« M'sieur, euh… maître, c'est vrai que quand… ? »

J'ai balbutié, puis je me suis tu, les mots culbutaient sur ma langue, j'avais peur de ne pas avoir assez réfléchi à mes paroles.

« Continue, Mamadou me poussait le maître.

– C'est vrai que… quand on devient vieux, on perd aussi la mémoire ? »

Tous les élèves qui avaient les yeux rivés à mes lèvres se sont alors retournés vers le maître pour entendre sa réponse. Sans attendre, il a répondu « oui » ; lorsque les années s'accumulaient sur notre tête, elles finissaient par écraser les tiroirs de la mémoire et on perdait ainsi le plein de souvenirs, surtout ceux du fond du cageot, qu'on a entassés en premier. Les élèves ont lancé des cris de désolation : « Oh… Ah… » ; Mohamed, sans lever le doigt, a dit que ses grands-parents avaient aujourd'hui de sérieux problèmes de mémoire et que des fois, ça le faisait rire.

« On ne parle pas sans avoir levé le doigt, Mohamed », a fait gentiment remarquer le maître.

C'est juste après ça qu'une idée a jailli dans ma tête et m'a brûlé la langue ; je me suis brusquement levé de ma chaise et je me suis tourné vers l'arrière de la classe :

« Je le savais ! Ça sert à rien d'aller à l'école, puisqu'on oublie tout quand on devient vieux ! »

(…)

L'imparfait de l'indicatif

JE DÉCOUVRE

1 Complète le tableau avec les verbes surlignés.

*Il **était** le chef de bande. On lui **obéissait** sans discuter.*
*Il **était** grand, très fort. Il **faisait** peur… Dès que je le **voyais** s'approcher, je me **faisais** encore plus petit. Mais c'**était** impossible. Je ne **pouvais** tout de même pas me transformer en nain. Je **m'enfuyais** le plus loin que je **pouvais**, sans me retourner. Peut-être qu'il me **suivait** ?*

personne	verbe du tableau	infinitif
il	*était*	*être*

2 Observe les terminaisons des verbes du tableau ci-dessous. Que remarques-tu ?

infinitif	je/j'	tu	il/elle	on	nous	vous	ils/elles
être	étais	étais	était	était	étions	étiez	étaient
avoir	avais	avais	avait	avait	avions	aviez	avaient
faire	faisais	faisais	faisait	faisait	faisions	faisiez	faisaient
sauter	sautais	sautais	sautait	sautait	sautions	sautiez	sautaient
obéir	obéissais	obéissais	obéissait	obéissait	obéissions	obéissiez	obéissaient
pouvoir	pouvais	pouvais	pouvait	pouvait	pouvions	pouviez	pouvaient
s'enfuir	m'enfuyais	t'enfuyais	s'enfuyait	s'enfuyait	nous enfuyions	vous enfuyiez	s'enfuyaient

JE RETIENS

À l'imparfait de l'indicatif, tous les verbes ont les mêmes terminaisons :
ais – ais – ait – ions – iez – aient

JE M'ENTRAÎNE

1 Complète le tableau.

infinitif	je/j'	tu	il/elle	on	nous	vous	ils/elles
tirer		*tirais*				*tiriez*	
finir				*finissait*			
savoir					*savions*		
sortir	*sortais*						*sortaient*
devenir						*deveniez*	
vouloir			*voulait*				
penser							*pensaient*

Le passé composé

JE DÉCOUVRE

1 Complète le tableau avec les verbes surlignés.

Le maître, M. Patte, a deviné. Il nous a fait une grande leçon de morale. Il a dit, on a tous le droit de vivre dans un pays, les petits et les grands, les gros et les maigres. M. Patte a parlé des couleurs, des noirs et des blancs, des clairs et des foncés…
À la récréation, on s'est regardé de travers. On a voulu se battre…
Avec Bernard, on a juste cherché comment se venger.
Le maître, lui, est allé plus loin pour nous observer.

verbes du texte	auxiliaire avoir	auxiliaire être	infinitif
a deviné	x		*deviner*
a fait			

Quelles remarques peux-tu faire ?

2 Observe le tableau. Quelles remarques peux-tu faire ?

infinitif	je/j'	tu	il/elle/on	nous	vous	ils/elles
deviner	ai deviné	as deviné	a deviné	avons deviné	avez deviné	ont deviné
dire	ai dit	as dit	a dit	avons dit	avez dit	ont dit
vouloir	ai voulu	as voulu	a voulu	avons voulu	avez voulu	ont voulu
chercher	ai cherché	as cherché	a cherché	avons cherché	avez cherché	ont cherché
aller	suis allé(e)	es allé(e)	est allé(e)	sommes allé(e)s	êtes allé(e)(s)	sont allé(e)s

JE RETIENS

Au passé composé de l'indicatif, les formes des verbes ont deux parties :
- **la première est formée tantôt du verbe avoir, tantôt du verbe être.**
C'est l'auxiliaire.
- **la deuxième partie est le participe passé du verbe conjugué.**

Il a dit
auxiliaire avoir [ ][ ] *participe passé du verbe dire.*

JE M'ENTRAÎNE

1 Complète le tableau de verbes au passé composé.

infinitif	je/j'	tu	il/elle	on	nous	vous	ils/elles
avoir	*ai eu*				*avons eu*		
être		*as été*				*avez été*	
partir			*est parti(e)*			*êtes parti(e)(s)*	
faire				*a fait*			
parler	*ai parlé*				*avons parlé*		
obéir		*as obéi*				*avez obéi*	
pouvoir			*a pu*				*ont pu*
venir	*suis venu(e)*				*sommes venu(e)s*		

Construire des phrases

J'ÉCRIS

1 Lis le texte ci-dessous.

*Aucune fille, aucun garçon, aucun adulte n'avait jamais parcouru cette plage déserte.
Et la mer s'ennuyait à mourir. Pas un seul rocher, pas une seule île, pas une seule trace au sol où les vagues auraient pu venir jouer à loisir.*

**Recopie les mots du texte qui se répètent plusieurs fois.
À quoi servent ces mots ?**

2 Reprends le texte de Mamadou, de la ligne 69 à la ligne 98, et écris une ou deux phrases en utilisant aucun ou aucune et pas un seul… ou pas une seule… pour dire que les grands-parents s'ennuient.

• Ils ne lisent pas.
(livre – roman – revue – journal…)
• Ils ne parlent pas le français.
(mot – parole – phrase – réponse…)
• Ils ne regardent pas la télévision.
(film – série – documentaire – débat…)

Construis les mêmes types de phrases pour dire que les grands-parents de Mamadou :

• ne reçoivent pas de visites ;
• ne mangent pas ce qu'ils aiment.

3 Écris une ou deux phrases pour dire que tu t'ennuies parce que personne ne s'occupe de toi.

4 Lis les trois propositions ci-dessous.

a) Un grand bruit me réveille. Un hélicoptère s'est posé dans le pré au fond du jardin.

b) Je commence à avoir peur. La nuit tombe et je vois bien que nous sommes perdus. Pourtant, mes camarades fanfaronnent.

c) Sur le trottoir d'en face, un inconnu fixe son regard sur ma fenêtre.

Choisis une de ces trois propositions et invente une suite possible assez courte.

Conseils :

• Écris ton texte au présent.

• N'oublie pas de conclure ton histoire : on doit savoir comment ton récit se termine.

Échange ensuite ta production avec tes camarades qui doivent retrouver la proposition que tu as choisie.

5 Imagine et écris ce que pourrait répondre le maître à la réflexion de Mamadou :

« Je le savais ! Ça sert à rien d'aller à l'école, puisqu'on oublie tout quand on devient vieux ! »

LE PETIT ATELIER DE PHILO

- *Que pense Mamadou de son nouveau maître ?*
- *Pourquoi veut-il l'hypnotiser ?*
- *Mamadou aime-t-il aller à l'école ?*
- *Pourquoi Mamadou pense-t-il à ses grands parents ?*
- *Deux mots peuvent-ils être exactement équivalents ?*
- *Avons-nous besoin d'apprendre pour vivre ?*
- *Est-ce une bonne idée de partir vivre ailleurs ?*

Un dragon encombrant

Badaboum, le dragon, a retrouvé et délivré les parents de Jéromine. Alors, ceux-ci ont accepté de l'adopter. Oui, mais voilà, Badaboum est très encombrant…

– C'est bien ça le plus grave, ma petite fille : Badaboum fait des bêtises sans s'en rendre compte !

– Non ! Le plus grave, c'est qu'il va MOURIR si on ne le garde pas !!

– N'exagère pas, Jéromine !

– Je n'exagère pas ! C'est la vérité vraie ! Les chasseurs de dragons ont promis de le laisser tranquille tant qu'il vivra chez nous. C'est parce qu'ils ont fait cette promesse que Badaboum les a libérés de leurs filets. Mais si tu mets Badaboum à la porte, ils vont le TUER !

– Tu sais, Badaboum est assez grand pour…

– Pour se faire tuer ! NON et NON ! Papa, je t'en prie, laisse-moi une semaine. Je vais le « dresser ». Je vais lui apprendre ce qu'il a le droit de faire ou de ne pas faire. Oh ! s'il te plaît ! Une toute petite semaine ! Je suis sûre qu'après, il arrivera à se contrôler.

– D'accord, Jéromine, tu as sept jours, pas un de plus !

Chapitre 2

Cinq jours déjà que Jéromine apprend les bonnes manières à Badaboum.

Cinq jours déjà que le dragon fait de son mieux pour que sa petite copine soit fière de lui.

Cinq jours déjà que les résultats ne sont pas très bons !

À dire vrai, ils sont même franchement mauvais. Pourtant, Badaboum est un élève attentif et appliqué.

LUNDI, Jéromine lui a expliqué qu'il ne fallait pas crier car son énorme voix fendille tous les murs de la maison. Promis, juré lui a murmuré Badaboum en s'asseyant sur… la plaque brûlante de la cuisinière. Aussitôt, le murmure s'est transformé en un hurlement de douleur et le plafond de la cuisine s'est effondré !

MARDI : aucune bêtise ! Une journée parfaite ! Oui, mais voilà… Jéromine et ses parents n'ont pas fermé l'œil de la nuit : Badaboum a ronflé de vingt et une heures à six heures du matin. Et quand Badaboum ronfle (deux nuits sur trois !), impossible de le réveiller !

MERCREDI, alors que tout se passait bien, la mère de Jéromine a subitement interrompu la leçon. Le réfrigérateur n'était plus dans la cuisine ! Badaboum s'est levé et a tranquillement raconté :

– Madame, votre fille m'a interdit de brouter* les fleurs et les plantes des voisins. Elle veut que je mange les mêmes choses que vous. Ce matin, je n'ai pas pu ouvrir la porte du frigo ; alors, je l'ai avalé. Délicieux, bien qu'un peu froid à l'intérieur !

Badaboum n'a compris ni les pleurs de Jéromine, ni les cris de sa mère.

(à suivre p. 78)

* *brouter*

Pour un animal : manger de l'herbe en l'arrachant sur place.

EXPLORATION DU TEXTE

1 Relève des mots qui commencent par une majuscule mais qui ne débutent pas une phrase.

2 Relève :

- une phrase déclarative ;
- une phrase interrogative ;
- une phrase exclamative ;
- une phrase impérative.

3 Entre la ligne 24 et la ligne 32, retrouve un mot qui a toujours la lettre « s » pour terminaison.

4 À quoi est comparée la voix de Midinette quand elle se met en colère ?

5 Retrouve le mot qui dit que :

- la voix du dragon provoque de petites fentes dans les murs ;
- Midinette fait de petits bruits aigus et répétés ;
- Badaboum change de tenue vestimentaire ;
- Jéromine ne veut pas transformer Badaboum en un animal dressé pour faire des tours.

LANGAGE ORAL

1 Reprends la partie du texte de la page 78, comprise entre la ligne 134 « *Écoute…* » et la ligne 144 « *… une catastrophe.* ». Dis-la à voix haute à tes camarades comme si tu étais Midinette.

COMPRÉHENSION DU TEXTE

1 Qui est Badaboum ? Qui est Jéromine ? Justifie les propositions avec des éléments du texte.

2 Quelle est l'intention de Jéromine vis-à-vis de Badaboum ?

3 « *… aujourd'hui, Jéromine est désespérée.* » *(l. 75)* **Pourquoi ?**

4 Relève les différents incidents que provoque Badaboum.

5 Pourquoi Badaboum passe-t-il sa journée « *À bouder et à ronchonner !* » *(l. 84)* **?**

6 Qui est Midinette et quand intervient-elle dans le texte ?

7 Que penses-tu de l'idée de Midinette concernant l'avenir de Badaboum ? Relève dans le texte les passages qui peuvent justifier cette proposition.

8 Quelle(s) phrase(s) pourrai(en)t accompagner l'illustration de la page 76.

FONCTIONNEMENT DU TEXTE

1 Range ces mots relevés dans le texte de la page 76, de la ligne 1 à la ligne 98, dans le tableau ci-dessous.

→ cinq jours (l. 24) – lundi (l. 34) – mardi (l. 41) – une journée (l. 41) – la nuit (l. 43) – de vingt et une heures à six heures du matin (l. 44) – deux nuits sur trois (l. 45) – Mercredi (l. 49) – ce matin (l. 55) – Jeudi (l. 61) – quand (l. 63) – aujourd'hui (l. 75) – il passe son temps (l. 77) – deux jours (l. 79 et 80) – sa journée (l. 83)

mots ou groupes de mots qui indiquent la durée	mots ou groupes de mots qui indiquent l'ordre dans lequel se déroulent les événements

2 Range les événements sur la ligne du temps. Utilise les numéros qui précèdent les propositions.

1 → Badaboum avale le frigo.
2 → Badaboum ronfle.
3 → Badaboum « range » sa chambre.
4 → Badaboum hurle de douleur.

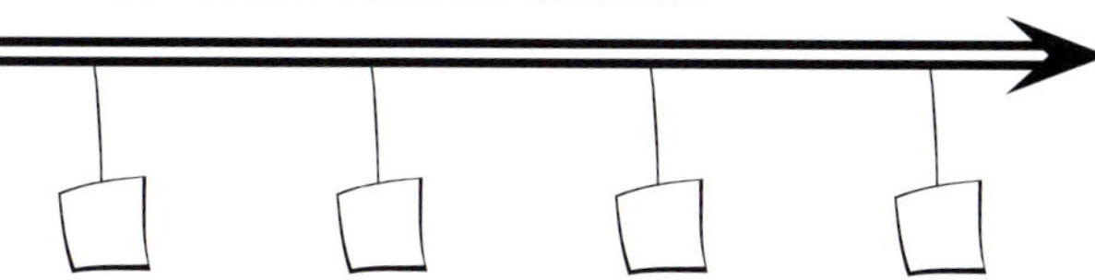

Un dragon encombrant

Un dragon encombrant • *Coll. « Lecture en tête »*
Régis Delpeuch • © *Sedrap Jeunesse*

(suite de la p. 76)

JEUDI, pour se faire pardonner (et sur les conseils de Jéromine), Badaboum a accepté de faire le ménage de sa chambre. Horreur!!... Quand Jéromine a rejoint le dragon, la chambre était vide! Absolument, totalement vide!

– Badaboum, qu'as-tu fait du lit, de l'armoire, des chaises et de la table de nuit?

– Je les ai mangés.

– MANGÉS? Mais tu es fou! Dis-moi que ce n'est pas vrai!

– Mais si, ma petite copine. Je t'ai obéi. Tu m'as dit: « Va manger ta chambre! »

– Oh non! En plus, il est sourd! RANGER, pas manger!

Résultat, aujourd'hui, Jéromine est désespérée. Elle ne sait plus quoi faire: son copain ne l'écoute plus. Il passe son temps à regarder par la fenêtre du salon. Même son grand rire a disparu.

Oui, la fillette est très inquiète: il ne lui reste plus que deux jours! Elle n'arrivera jamais à « dresser » Badaboum!

Un Badaboum malheureux qui a passé sa journée à bouder. À bouder et à ronchonner!

– J'aime mieux encore vivre dans la forêt! Balourdo et ses chasseurs m'embêtent moins que toi!

C'est alors que Midinette quitte l'armoire où elle est perchée depuis le matin et se met à piailler:

– Hep! tous les deux. Hep! écoutez-moi. Hep! arrêtez de faire la tête. Hep! fini les chamailleries: j'ai une idée!

Chapitre 3

Depuis une heure, Badaboum crache tout ce que lui demande Midinette: des casseroles et du jus d'orange bien sûr, mais aussi des confettis, des glaces à la vanille; des balles de ping-pong; des cornets de pop-corn, un feu d'artifice...

Depuis une heure également, entre une gerbe d'essuie-glaces et un tourbillon de spaghettis, Bababoum change de look à gogo. Il lui suffit de penser très fort à ce que lui dit Midinette et le voilà qui se transforme en cosmonaute,

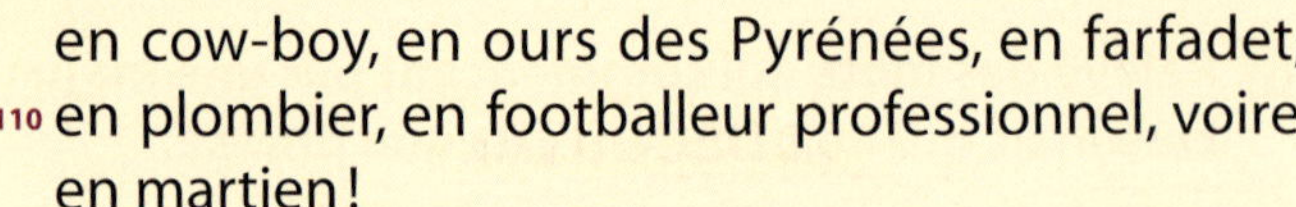

en cow-boy, en ours des Pyrénées, en farfadet, en plombier, en footballeur professionnel, voire en martien!

Jéromine est ébahie, stupéfaite, mais pas du tout d'accord avec Midinette quand celle-ci s'écrie:

– La voici, mon idée! Il faut que Badaboum ouvre un cirque!

– Jamais! Jamais! hurle la fillette. Jamais je ne transformerai Badaboum en animal savant ou en clown pour faire rire des tas d'enfants stupides!

– Je ne t'ai jamais parlé d'un cirque pour enfants.

– Mais pour qui, alors?

– Un cirque pour dragons!

Badaboum, qui a repris sa forme normale, semble très intéressé mais un peu sceptique:

– Pff... ils ne font que se moquer de moi! Jamais ils ne viendront me voir. Et d'ailleurs, moi non plus...

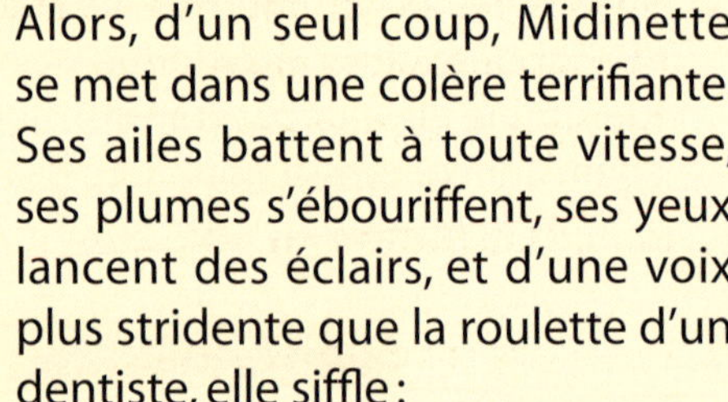

Alors, d'un seul coup, Midinette se met dans une colère terrifiante. Ses ailes battent à toute vitesse, ses plumes s'ébouriffent, ses yeux lancent des éclairs, et d'une voix plus stridente que la roulette d'un dentiste, elle siffle:

– Écoute, gros patapouf, ça suffit! Un dragon ce n'est pas fait pour vivre avec les hommes! Un dragon, c'est fait pour vivre avec les dragons. Tu n'es pas comme eux? Tant mieux! Profites-en! Montre-leur de quoi tu es capable. Et puis, tu ne vas pas tout de même rester toute ta vie dans une maison où dès que tu bouges tu provoques une catastrophe!

– Midinette a raison, approuve Jéromine. On est stupides de t'obliger à vivre comme nous; aussi stupides que tes camarades dragons qui veulent absolument que tu leur ressembles. Pendant les deux jours qu'il nous reste, on va mettre au point quelques numéros de cirque.

– Moi, dit la mésange bleue, je vais en profiter pour aller voir tous les dragons du pays. Ça m'étonnerait qu'il en manque un seul à la première représentation! Ou alors, c'est qu'ils ne m'ont jamais vue en colère, non mais!!

(...)

Le GN sujet du verbe

JE DÉCOUVRE

1 Réécris le texte en remplaçant les GN surlignés par il – ils – elle – elles, lorsque cela est possible.

Jéromine est désespérée. Elle ne sait plus quoi faire. Son copain ne l'écoute plus. Il passe son temps à regarder par la fenêtre. Oui, la fillette est très inquiète. Elle n'arrivera jamais à dresser Badaboum. Et Midinette se fait du souci pour elle. Ses ailes battent à toute vitesse, ses plumes s'ébouriffent, ses yeux lancent des éclairs… Depuis une heure Badaboum crache tout ce que Midinette lui demande.

Relève dans le texte un pronom elle qui n'est pas surligné. Pourquoi ?

2 Dans la phrase ci-dessous, quel est le GN que tu peux encadrer par « c'est… qui » ?

Son copain passe son temps à regarder par la fenêtre.

Réécris la phrase en utilisant « c'est… qui ».

3 Compare les deux phrases.

- Ses yeux lancent des éclairs.
- Son œil lance des éclairs.

Recopie et souligne ce qui a changé. Pourquoi ?

Réponds par « oui » ou « non » à la proposition suivante.

- Si le nombre (singulier – pluriel) du GN sujet change, la terminaison du verbe change aussi.

Justifie ta réponse avec un exemple.

JE RETIENS

Dans une phrase on peut retrouver le GN sujet en :
- **remplaçant le GN par il – ils – elle – elles ;**
  Ex : Son copain ne l'écoute plus. Il ne l'écoute plus.
- **encadrant le GN par c'est … qui ;**
  Ex : C'est son copain qui ne l'écoute plus.
- **en changeant le nombre : le GN sujet fait changer la terminaison du verbe.**
  Ex : Ses yeux lancent des éclairs.
  Son œil lance des éclairs.

JE M'ENTRAÎNE

1 Recopie les phrases. Souligne le GN sujet que tu encadres par c'est … qui ou par ce sont … qui.

- Le dragon Badaboum se brûle sur la plaque brûlante de la cuisinière.
- Les murmures se transforment en hurlements.
- Le plafond de la cuisine s'effondre.
- Jéromine et ses parents ne peuvent pas dormir.

2 Recopie les couples de phrases. Souligne dans chaque première phrase le GN sujet.

- Le réfrigérateur n'est plus à sa place.
  Les réfrigérateurs ne sont plus à leurs places.
- Le dragon accepte de faire le ménage.
  Les dragons acceptent de faire le ménage.
- La petite fille pleure de désespoir.
  Les petites filles pleurent de désespoir.
- Les chasseurs embêtent les dragons.
  Le chasseur embête le dragon.

3 Réécris les phrases en remplaçant le GN sujet par il ou ils, elle ou elles.

- Les élèves cherchent une réponse.
- Le maître circule entre les rangs.
- Les doigts se lèvent pour donner la réponse.
- La réponse de Céline est incomplète.
- Mamadou répond correctement.

4 Dans les phrases suivantes, encadre les GN sujets des verbes surlignés.

- La maladie attaque les grands-parents de Mamadou.
- Tous les jours, les visites sont autorisées.
- Le vieillard regarde par la fenêtre.
- Les flocons de neige tombent dans le feuillage.
- Le moindre courant d'air s'engouffre dans sa vie.
- Les dents abandonnent leurs mâchoires.
- À quoi rêvent les enfants ?

5 Relie les éléments qui vont ensemble et réécris les phrases obtenues.

La voiture •		
Les motos •	• roule •	• sur la route ombragée.
Les vélos •	• roulent •	
Le camion •		

L'accord du verbe avec son sujet

JE DÉCOUVRE

1 Observe les phrases. Que remarques-tu ?

- Badaboum écoute Jéromine.
- Les meubles de la chambre disparaissent.
- Jéromine crie après Badaboum.
- Jéromine et Badaboum ne se parlent plus.
- Midinette rejoint ses deux amis.

JE RETIENS

Dans une phrase, la terminaison du verbe varie avec le nombre du GN sujet.
Ex : Jéromine explique qu'il ne faut pas crier.

Les billes roulent sur le parquet.

Pour être sûr de la terminaison du verbe, je vérifie avec un tableau de conjugaison.

JE M'ENTRAÎNE

1 Écris les verbes des phrases au présent.

- Les assiettes pleines (attendre) ...... les convives.
- Il ne (penser) ...... qu'à travailler.
- Ils n'(avoir) ...... jamais vu le maître en colère.
- Le véhicule (démarrer) ...... lentement.
- Les cageots (s'entasser) ...... sur le camion.
- Les voitures (circuler) ...... aisément.
- Elles (profiter) ...... de la largeur de la chaussée.

2 Barre le GN sujet qui ne convient pas.

- Ses copains / Son copain le voient transformé en cosmonaute.
- Le public / Les enfants applaudit le nouveau clown.
- Il / Ils crache des confettis.
- Bravo ! hurle les spectateurs. / la foule.

Les homonymes

JE DÉCOUVRE

1 Avec les mots surlignés du texte, complète les phrases ci-dessous.

Jéromine ne voit pas Badaboum progresser dans les apprentissages. Elle lui a expliqué que son énorme voix fendille les murs. Son conseil mettra Badaboum sur la bonne voie.

- Les ouvriers réparent la ...... ferrée qui conduit de Toulouse à Paris.
- Le chasseur ...... Badaboum et l'embête.
- La ...... du maître s'élève dans le brouhaha de la classe.

JE RETIENS

On trouve dans des textes, des mots qui ont la même prononciation mais qui n'ont pas le même sens.
Ex : Le temps est mauvais. Tant qu'il pleut nous restons à la maison.
Pour comprendre ces mots et pour en trouver l'orthographe, il faut tenir compte du contexte.

JE M'ENTRAÎNE

1 Complète chaque phrase avec le mot qui convient. *Tu peux utiliser le dictionnaire.*

→ coup – cou – coud

- Maman ...... l'ourlet de la robe.
- Un héron, au long bec emmanché d'un long ...... , pêche au milieu du ruisseau.
- D'un ... de pied précis, le joueur envoie le ballon dans le but.

→ mais – mai – met – mets

- Le ...... servi au début du repas dans ce restaurant est délicieux.
- Dans tout le pays, le 1er ...... est le jour de la fête du travail.
- La voiture est petite ...... très confortable.
- Le cuisinier ...... le plat préparé au four.

2 Rédige deux phrases en utilisant les mots cour et court.

Construire des phrases

J'ÉCRIS

1 Construis des phrases sur le modèle suivant :

Badaboum est très malheureux.
Badaboum est si malheureux qu'il a passé sa journée à bouder et à ronchonner.

• Badaboum est très maladroit.
• Badaboum est très obéissant.
• Badaboum est très original.

Utilise les parties du texte « Un dragon encombrant ».
• *maladroit (de la ligne 34 à la ligne 40),*
• *obéissant (de la ligne 61 à la ligne 74),*
• *original (de la ligne 104 à la ligne 111).*

2 Construis des phrases sur le modèle suivant.

Alors que tout se passait bien, la mère de Jéromine a subitement interrompu sa leçon.

• Alors que Badaboum ...., Jéromine ....

• .... Jéromine ...., Midinette ....

• ...., Badaboum.

3 Réécris les deux premières phrases de l'exercice n° 2 sur le modèle : *« La mère de Jéromine a subitement interrompu sa leçon alors que tout se passait bien. »*

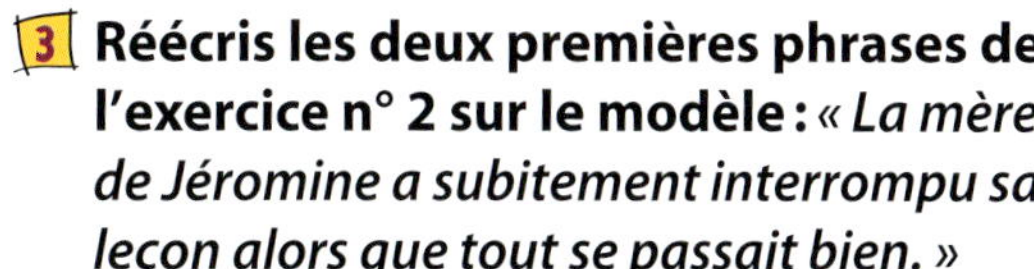

4 *« Il a enfourché son vélo puis a parcouru les quelques kilomètres le séparant de la maison. »*

Relève dans la phrase, le mot qui indique la succession.
Réécris la phrase en utilisant ensuite.
Tu peux faire quelques modifications.
Construis une phrase sur le modèle de l'exemple précédent.

5 ***Voici quelques petits mots qu'on utilise souvent.***

↪ *cependant – par contre – or*

Complète les phrases suivantes avec les petits mots qui te semblent convenir.

• Dans le désert, il fait très chaud le jour, ... il peut faire très froid la nuit.
• Je comptais partir au ski, ... je n'ai pas de vacances.

6 À ton tour, construis trois phrases en utilisant successivement :

↪ *cependant – par contre – or.*

7 Construis trois phrases en utilisant les petits mots suivants.

↪ *pourtant – en effet – alors*

LE PETIT ATELIER DE PHILO

• *Quelles sont les raisons pour lesquelles Jéromine veut garder Badaboum chez elle ?*
• *Que penses-tu de Badaboum ?*
• *Les parents de Jéromine ont-ils raison ?*
• *Midinette a-t-elle raison ?*
• *Veux-tu parfois des choses impossibles ?*
• *Quel peut être l'intérêt de vouloir des choses impossibles ?*
• *Doit-on tous se ressembler pour vivre ensemble ?*

Une moitié de sœur

Florian n'accepte déjà plus de rester un week-end sur deux sans Flora, sa demi-sœur. Alors, à toutes les vacances, quand elle doit partir chez son vrai père…

Une terrible bataille

– Tu auras bientôt neuf ans, Florian. Maintenant, tu peux comprendre.

Quand ça l'arrange, Maman, elle n'hésite pas à avancer la date de mon anniversaire. Mais avec moi, ça ne marche pas.

Je fais non de la tête. D'abord, j'ai huit ans et demi. Et ensuite, je ne veux rien comprendre du tout, du tout.

Maman soupire. Papa, silencieux, reste à l'entrée de ma chambre.

– Un mois, ça va passer vite. Et puis, on va bien s'amuser, même sans Flora, essaie encore Maman.

Je fais toujours non de la tête.

– Je resterai dans ma chambre toutes les vacances. J'ai pas envie de m'amuser sans Flora.

Maman dit que je suis désespérant. Que j'ai un caractère de cochon. Un gentil cochon, mais un cochon quand même. C'est difficile pour tout le monde et moi, je ne fais aucun effort. Papa hausse les épaules.

– De toute façon, on n'a pas le choix. Il faudra t'y faire, Florian.

TROIS ANS.

Flora a trois ans de plus que moi.

Flora pourrait être ma grande sœur.

Pourtant, Flora n'est que ma demi-sœur.

Ma demi-grande-sœur. Mais attention, Flora n'a rien d'une moitié. Une moitié de sœur, ce serait bizarre. Non, elle a deux bras, deux jambes, et deux yeux marron presque châtaigne.

Flora n'a rien d'une moitié !

TOC-TOC-TOC.

Décidément, on n'est jamais tranquille dans cette maison.

TOC-TOC-TOC.

– Qui c'est ? je demande.

– C'est moi, dit Flora.

Elle pousse doucement la porte ; juste pour faire entrer ses yeux châtaigne. Elle regarde mes yeux tristes. Les miens sont bleus, presque ciel.

– Mon père va arriver, m'annonce Flora. Je vais bientôt partir… J'suis obligée.

Je crie, les poings serrés :

– C'est pas vrai ! T'es pas obligée !

Flora s'assoit par terre. Au milieu des soldats. À côté du château fort. Parmi nos batailles éparpillées.

Flora a trois ans de plus que moi, mais ça ne nous empêche pas de jouer ensemble. Avec mes soldats et mon château fort. Et là, on fait moitié-moitié. Même le château, on le coupe en deux.

– Je te propose un truc, chuchote Flora. On fait une bataille de soldats. Si je gagne, je pars. Si tu gagnes, je reste.

– C'est vrai ? Tu jures ?

– C'est juré, promet Flora sans croiser les doigts.

– Si je gagne, tu restes ?

– C'est ça.

Sa main frappe la mienne. Marché conclu.

(à suivre p. 84)

EXPLORATION DU TEXTE

1 Retrouve dans le texte, le plus rapidement possible, un mot de la famille de :

→ *silence – douce – voler.*

2 Retrouve dans le texte, les expressions qui disent que :

- Florian a un mauvais caractère ;
- Florian et Flora sont d'accord sur la proposition de Flora.

3 À quoi sont comparés :

- les yeux de Flora qui va tirer ?
- la vitesse d'un boulet de canon ?
- les larmes de Florian ?
- la pâleur de Florian après l'attaque de sa sœur ?

4 Retrouve et lis la fin de chacune des phrases suivantes.

- *Juste pour faire entrer…*
- *Elle place ses soldats…*
- *Si Flora n'était pas…*

LANGAGE ORAL

1 Avec un camarade, préparez le texte compris entre la ligne 40 et la ligne 63. Présentez le texte à vos camarades en le lisant à voix haute.

COMPRÉHENSION DU TEXTE

1 Quels sont les deux principaux personnages de ce récit ? Pour chacun d'eux précise qui il est.

2 Pourquoi Florian n'est-il pas content ? Que ne veut-il pas faire sans la présence de Flora ?

3 Pourquoi Florian peut-il dire que Flora est sa demi-sœur ?

4 Que propose Flora pour que Florian puisse accepter son départ ?

5 Relève les différentes façons qu'utilise Florian dans le récit, pour nommer Flora.

6 Construis le champ lexical de la guerre en relevant les mots et les expressions dans la partie du texte comprise entre la ligne 75 et la ligne 116.

7 Pourquoi Florian dit-il à Flora qu'il n'est pas son demi-frère ?

8 Quel est le sentiment de Florian à la fin du récit ? Pourquoi ?

9 *« Elle en oublie le prix de sa victoire. » (l. 115)* **Quelle signification peut-on donner à cette réflexion de Florian ?**

FONCTIONNEMENT DU TEXTE

1 Complète le tableau.

Titres proposés :

- L'assaut de Florian.
- Flora fait le partage et le jeu se prépare.
- La dernière bille et victoire de Flora.
- Florian prépare son assaut.
- L'assaut de Flora.

	les personnages	titre du passage
de la ligne 60 à la ligne 74		
de la ligne 75 à la ligne 80		
de la ligne 81 à la ligne 90		
de la ligne 91 à la ligne 103		
de la ligne 104 à la ligne 116		

2 Dans les phrases surlignées, remplace le petit mot souligné par la personne ou l'objet qu'il représente.

- Florian n'est pas content.
  Il fait non de la tête.
- La maman de Florian s'adresse à son fils.
  Elle n'hésite pas à avancer la date de son anniversaire.
- Le papa de Florian hausse les épaules.
  Il est d'accord avec la maman.
- Florian tire sur la tour.
  Elle vacille et des soldats tombent. Ils sont presque tous au sol.
- Flora se précipite.
  Elle ramasse les billes. Elles sont éparpillées sur le parquet.

Une moitié de sœur

Une moitié de sœur • Marc Cantin

(suite de la p. 82)

– Moi je prends la tour, et toi tu prends le donjon, décide-t-elle.

Et c'est elle qui partage. La tour se détache ; un demi-château pour ma moitié de sœur.

– On va voir qui de nous deux est une demi-portion, sourit-elle en attrapant deux poignées de soldats.

Ma demi-sœur est moitié fille, moitié garçon. La guerre ne lui fait pas peur. Rien ne lui fait peur. Même pas de partir chez son père.

Elle place ses soldats face aux miens. Dans la tour et autour. Prête à donner l'assaut. Les miens sont à l'abri dans le donjon. Je prépare la catapulte* et une bonne réserve de billes en plastique. L'élastique est tendu. Pas de quartier. Il n'y aura aucun prisonnier… FEU !

Je tire le premier. Un œil fermé, la langue entre les dents. Les billes partent comme des fusées. Des fusées jaunes, rouges, vertes et bleues. Flora devient blanche !

La tour vacille et ses soldats s'envolent. Je n'ai jamais aussi bien visé ! PAF ! Encore un !

– Alors, tu trouves toujours ça marrant ?

Mais Flora se reprend. Elle se précipite déjà pour récupérer les billes sur le parquet.

– À mon tour, dit-elle avec un air menaçant.

Je fais rouler la catapulte jusqu'à ma demi-sœur. Ses yeux deviennent deux minuscules croissants de lune.

Et PAN ! PAN ! PAN ! PAN ! Et PAN ! C'est un vrai carnage !

Et PAN ! Elle touche à tous les coups. Ma demi-sœur est sans pitié. C'est moi qui deviens blanc. Blanc comme un drapeau blanc.

FAUSSE SŒUR !

La dernière bille de Flora. Après, ce sera mon tour de tirer. Après, je peux gagner. Pulvériser* ses deux soldats encore vivants.

Mais avant sa dernière bille…

Un boulet de canon filant comme une étoile. Mon ultime soldat brandit son arme, son courage et tout mon espoir… Emportés par la bille, ils disparaissent ensemble sous l'armoire.

– J'ai gagné ! s'écrie Flora. J'ai gagné !

Elle lève les bras. Elle en oublie le prix de sa victoire.

Mes yeux sont sur le point d'abandonner quelques gouttes de pluie.

Flora s'excuse. Dit qu'un jeu est un jeu. Qu'il faut être bon joueur, et tout ça. Toutes ces choses qui ne font pas revenir le soleil, mais contrarient un peu la pluie.

– Flora ! Ton père est arrivé, prévient la voix de Maman.

Flora est désolée. Elle dit devoir partir. Moi, j'ai les poings serrés. Si Flora n'était pas championne de karaté, elle verrait. Je l'obligerais à rester.

Flora s'est levée. Elle fléchit les genoux, me montre ses mains en couteau et me prévient :

– Si tu m'attaques, je te coupe en deux. CLAC !

Une moitié de demi-frère, il ne resterait plus grand-chose.

– Je ne suis pas ton demi-frère, je réplique en levant mes poings. Moi, je ne suis pas une moitié. C'est ton père qui est parti. Pas le mien. Et c'est pour ça qu'il faut te couper en deux !

– Tu dis n'importe quoi, proteste Flora.

– Pas du tout. Faudrait pas confondre. Quand ton père a quitté Maman, j'étais même pas né. Alors, c'est pas ma faute. J'y suis pour rien dans vos histoires de moitiés !

– D'abord TON père, c'est pas MON père. C'est mon faux père ! me lance Flora.

Cette fois, Flora va trop loin ! Faux père.

Mon père n'est pas un faux père.

– Et toi, t'es qu'une fausse sœur qui me laisse tomber !

Silence. Flora brille au coin des yeux. Elle dévale l'escalier sans me laisser le temps de m'excuser. Claque la porte d'entrée.

Flora est partie. Je suis triste. Et pas à moitié.

(…)

** catapulte*
Engin de guerre qui servait à lancer des projectiles.

** pulvériser*
Détruire complètement.

Le présent de l'indicatif

JE DÉCOUVRE

1 Observe le tableau.
Quels sont les verbes qui ont pour terminaison « e » ou « es » pour les trois premières personnes (je – tu – il) ?
Certaines terminaisons se répètent très souvent.
Note-les. À quelles personnes correspondent-elles ?

dans le texte	infinitif	je	tu	il/elle	on	nous	vous	ils/elles
Je fais	***faire***	fais	fais	fait	fait	faisons	faites	font
j'ai	***avoir***	ai	as	a	a	avons	avez	ont
je veux	***vouloir***	veux	veux	veut	veut	voulons	voulez	veulent
elle dit	***dire***	dis	dis	dit	dit	disons	dites	disent
on est	***être***	suis	es	est	est	sommes	êtes	sont
on coupe	***couper***	coupe	coupes	coupe	coupe	coupons	coupez	coupent
elle pousse	***pousser***	pousse	pousses	pousse	pousse	poussons	poussez	poussent
je crie	***crier***	crie	cries	crie	crie	crions	criez	crient
je pars	***partir***	pars	pars	part	part	partons	partez	partent
elle répond	***répondre***	réponds	réponds	répond	répond	répondons	répondez	répondent
ses yeux dessinent	***dessiner***	dessine	dessines	dessine	dessine	dessinons	dessinez	dessinent
nous venons	***venir***	viens	viens	vient	vient	venons	venez	viennent

JE RETIENS

Au présent de l'indicatif, les terminaisons des verbes sont simples.

	singulier			*pluriel*		
	je	**tu**	**il/elle/on**	**nous**	**vous**	**ils/elles**
les verbes en « er » (1er groupe)	**e**	**es**	**e**	**ons**	**ez**	**ent**
les autres verbes	**s** (parfois **x**)	**s** (parfois **x**)	**t** (parfois **d**)	**ons**	**ez**	**ent** (parfois **ont**)

JE M'ENTRAÎNE

1 Complète le tableau au présent de l'indicatif.
Note le verbe du tableau précèdent que tu as pris comme modèle.

verbe	je	tu	il/elle	on	nous	vous	ils/elles	verbe ayant servi de modèle
sortir	sors							
tirer				tire				
rire		ris				riez		
devenir			devient					
vaciller							vacillent	
vendre	vends				vendons			

L'accord du verbe avec son sujet

JE DÉCOUVRE

1 Dans chaque phrase, encadre le GN sujet que tu retrouves en utilisant « c'est… qui » ou « ce sont… qui ».

- La jeune fille, depuis longtemps déjà, dresse le dragon Badaboum.
- Tous les membres de la famille l'aiment bien.
- Midinette, du haut de son perchoir, lance ses reproches d'une voix stridente.
- Dans cette maison, habite un dragon encombrant.
- Jéromine et Midinette veulent voir Badaboum.

Que remarques-tu ?

JE RETIENS

Pour écrire la terminaison d'un verbe, je recherche le GN sujet. La terminaison du verbe correspond au nombre du nom principal du GN.

JE M'ENTRAÎNE

1 Écris le verbe entre parenthèses au présent. Utilise un tableau de conjugaison.

- Les plages de sable (s'allonger)...... à l'infini.
- Les habitants, loin du vacarme de la ville, (profiter) ...... du soleil.
- Les enfants, heureux du beau temps, (partir) ...... vers la mer.
- Certains vacanciers, (remarquer) ...... l'enfant, (dormir) ...... sous les parasols.

2 Encadre le GN sujet qui convient.

- Les élèves de la classe / L'élève du premier rang — écoutent attentivement.
- Dans la ville, les dangers de la rue / la circulation intense — menace la sécurité des piétons.
- Dans ce grand magasin, chaque samedi, s'entassent — la foule des acheteurs. / les clients étonnés.

Les mots de sens voisins

JE DÉCOUVRE

1 *« Mais avec moi, ça ne marche pas. »*
Recopie le sens que tu donnes au verbe surligné.

☐ Changer de place. ☐ Croire naïvement.
☐ Mettre le pied sur.

2 Remplace, dans les phrases suivantes, le verbe surligné par le verbe qui convient le mieux.

→ *se promener – fonctionner – déambuler – imiter*

- L'horloge du salon ne marche plus.
- Les promeneurs marchent au hasard dans les rues.
- J'aime marcher au bord de l'eau.
- Il marche sur les traces de son grand-père.

JE RETIENS

Un mot peut avoir plusieurs sens. Pour trouver le sens qu'il a dans une phrase, il faut essayer de le remplacer par un mot ou par une expression qui a un sens voisin et vérifier dans un dictionnaire.
marcher → se promener
faire marcher → taquiner

JE M'ENTRAÎNE

1 Complète les phrases avec le verbe qui convient le mieux.
Tu peux utiliser le dictionnaire et un tableau de conjugaison.

→ *séparer – diviser – distribuer – partager*

- Les malfaiteurs avaient déjà ...... le butin avant d'être arrêtés.
- Je ...... la tarte en cinq parts égales.
- Mon partenaire ...... les cartes entre les différents joueurs.
- Pour grimper au sommet, nous avons dû nous ...... en deux groupes.

→ *monter – escalader – grimper – gravir*

- J'ai oublié ma clé. J'...... la grille pour entrer chez moi.
- L'ascenseur ...... jusqu'au 6e étage.
- Les promeneurs commencent à ...... les pentes de la montagne.
- J'adore ...... aux arbres.

Écrire un dialogue

J'ÉCRIS

1 Dans chaque bulle de la vignette ci-dessous, reporte des paroles que tu choisiras dans la partie du texte comprise entre la ligne 59 et la ligne 71.

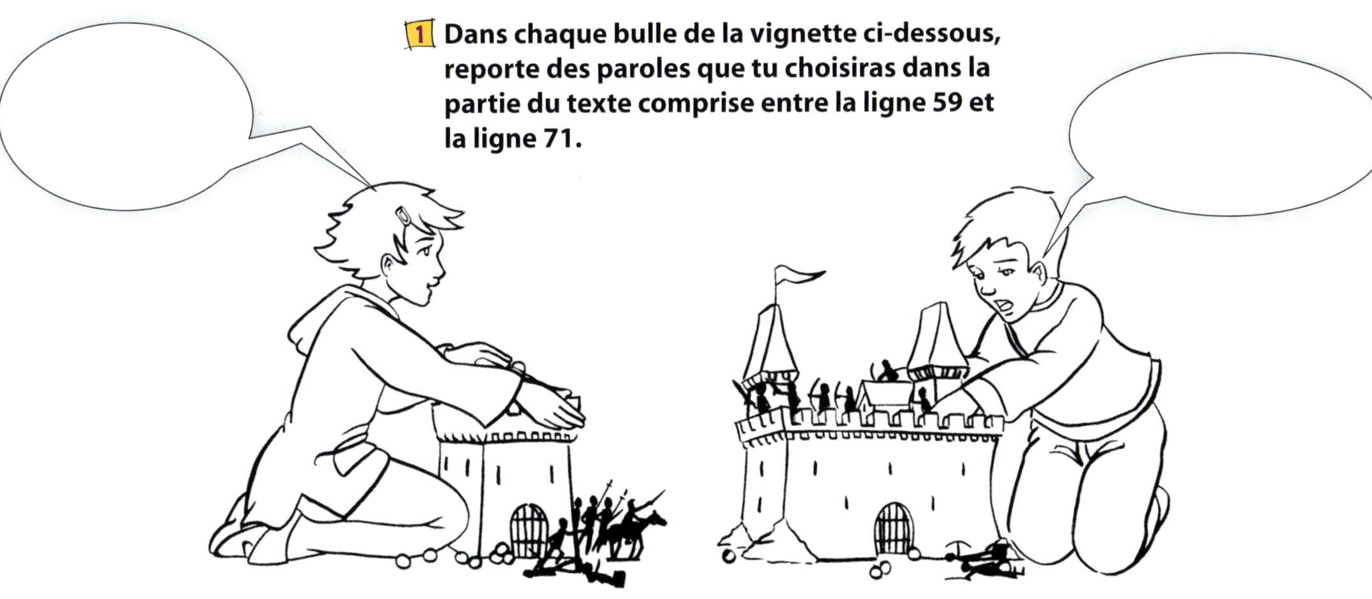

2 Recopie le texte suivant en faisant apparaître les dialogues.

Flora fléchit les genoux et dit à Florian que si elle l'attrape, elle le coupe en deux, et qu'une moitié de demi-frère, c'est peu de chose. Florian en levant les poings lui répond qu'il n'est pas son demi-frère. Moi, je ne suis pas une moitié. C'est ton père qui est parti, pas le mien. Tu dis n'importe quoi, proteste Flora. Mais Florian insiste et lui répond qu'il ne faudrait pas confondre car, quand son père est parti, il n'était pas encore né.

Conseils :

- ***Pour écrire les verbes, utilise un tableau de conjugaison.***
- ***Attention à la ponctuation des dialogues.***

3 À ton tour, dessine une vignette de BD correspondant au texte de l'exercice n° 2. Fais apparaître les bulles portant les paroles prononcées par les deux personnages. Numérote les bulles dessinées (1, 2...) dans l'ordre dans lequel les paroles sont prononcées.

LE PETIT ATELIER DE PHILO

- *Pourquoi la mère de Florian lui dit-elle qu'il a neuf ans ?*
- *Florian a-t-il envie de tout comprendre ?*
- *Florian est-il content de sa sœur Flora ?*
- *Faut-il toujours être raisonnable ?*
- *Les adultes ont-ils toujours raison ?*
- *Est-ce toujours bien de partager ?*
- *La vie est-elle injuste ?*

THÉÂTRE, BD ET POÉSIE

Le Long Voyage du Pingouin...

Scène 1 :

L'insomnie ou comment notre Pingouin découvre le rêve éveillé.

Sur la banquise, le vent et la tempête soufflent. C'est la nuit. Un Pingouin est là debout, immobile, les yeux grands ouverts.

VOIX OFF *(style commentaire de document).* – Très loin là-bas au Nord, loin de chez nous, bien au-delà de la Mer du Nord et des pays nordiques, plus au Nord même que le Grand Nord, là où la terre est blanche à perte de vue, là où il fait toujours froid, là où le vent souffle, vit le peuple des Pingouins. Les Pingouins sont bien équipés contre le froid, les flocons de neige glissent sur leur pelage noir et blanc, noir sur le dos, blanc sur le ventre. Leurs grandes pattes les tiennent en équilibre sur la glace. Et par-dessus tout ils sont toujours de bonne humeur, toujours prêts à se jeter dans l'eau glacée pour attraper des poissons ou pour batifoler*, ils bavardent de longues heures sur la banquise*, écoutent le vent, regardent les oiseaux. Rien ne semble devoir entamer leur bonne humeur.

Notre Pingouin commence à déambuler en bougonnant, il ne semble pas d'accord avec le commentaire. Sa maman Pingouin l'observe sans se montrer.

MAMAN PINGOUIN *(après un temps).* – Que fais-tu là, mon fils, en pleine nuit ?

PINGOUIN. – Je rêvais.

MAMAN PINGOUIN. – Tu rêveras mieux en venant te coucher.

PINGOUIN. – Ce n'est pas les mêmes rêves, Maman, qu'on fait debout et qu'on fait couché.

MAMAN PINGOUIN. – Tu es bien raisonneur. Allez viens s'il te plaît, demain il y a concours de glissade sur la banquise, il faut être en forme.

PINGOUIN. – Tous les jours il y a concours de glissade ça ne m'amuse plus.

MAMAN PINGOUIN. – Eh bien alors tu iras à la pêche sous-marine avec tes frères, ou tu feras des batailles de boules de neige, c'est toi qui choisiras.

PINGOUIN. – Je suis grand maintenant, les batailles de boule de neige c'est pour les bébés.

MAMAN PINGOUIN. – Comme tu voudras. Viens maintenant. Écoute comme ton père dort bien.

PINGOUIN. – Il ronfle trop fort, ça m'empêche de dormir.

MAMAN PINGOUIN. – Toi aussi tu ronfles, tu ronfles sinon tu ne serais pas un Pingouin. *(Elle rit dans la tempête.)* Et peut-on savoir à quoi tu rêvais mon fils ?

PINGOUIN. – Au Pays des Couleurs.

MAMAN PINGOUIN. – Ah !

PINGOUIN. – Celui où Grand-père a été il y a longtemps.

MAMAN PINGOUIN. – Ton grand-père raconte des histoires. Il n'a jamais mis les pattes hors de la banquise.

PINGOUIN. – La jungle avec tous les animaux en couleurs, il n'y a jamais été ?

MAMAN PINGOUIN. – Bien sûr que non. Il a dû en entendre parler par des voyageurs mais personne n'a jamais été plus loin que l'Archipel, quand on manquait de poisson !

PINGOUIN. – Eh bien, moi j'irai !

MAMAN PINGOUIN *(riant).* – Ne dis pas de bêtises. Pourquoi veux-tu qu'un Pingouin quitte la banquise ? Nous avons tout ce qu'il nous faut ici, pourquoi veux-tu qu'on s'aventure là où on ne connaît personne, où il y a toutes sortes de dangers inconnus.

PINGOUIN. – Pour découvrir les couleurs. Ici tout est en noir et blanc, la nuit est noire, la neige est blanche… Même moi je suis en noir et blanc !

(à suivre p. 92)

* *batifoler*
Jouer comme des enfants.

* *banquise*
Grande masse de glace qui recouvre les mers près des pôles.

EXPLORATION DU TEXTE

1 **Cite le nom des différents personnages qui interviennent dans cette pièce de théâtre.**

2 **Relève dans la page 90 :**
- une phrase interrogative,
- une phrase exclamative,
- une phrase impérative.

3 **Relève dans le texte :**
- une phrase dans laquelle Pingouin utilise « je » ;
- une phrase dans laquelle il utilise « tu » ;
- une phrase dans laquelle Maman Pingouin utilise « tu » ;
- une phrase dans laquelle elle utilise « il ».

4 **Relève dans le texte les mots ou expressions qui disent :**
- que Pingouin se promène en parlant entre ses dents pour manifester sa mauvaise humeur ;
- pourquoi aller se risquer là où on ne connaît personne ;
- que Pingouin parle sur un ton faible qui se veut secret (scène 2).

LANGAGE ORAL

1 **Avec un(e) camarade, présentez une partie du texte que vous aurez choisie.**

COMPRÉHENSION DU TEXTE

1 **Où se trouve cette partie du texte dans l'ensemble de la pièce de théâtre ?
Justifie ta réponse avec des éléments du texte.**

2 **Où se déroule cette scène ?
Qu'apprends-tu sur cette région ?**

3 **Que fait Pingouin au début de la scène 1 ?**

4 **Quelles sont les activités habituelles de Pingouin ?**

5 **Quel est le voyage que Pingouin voudrait faire ? Pourquoi ?**

6 **Quels reproches Pingouin fait-il au pays dans lequel il vit ?**

7 ***La maman Pingouin avertit son fils qu'il faut parfois se méfier des rêves.* Pourquoi ?**

8 **Quelle décision prend Pingouin à la fin de la scène 2 ?**

9 **Quelle est la préoccupation de Pingouin avant de se lancer dans le voyage ?**

10 **Justifie le titre de chaque scène.**

11 **Quelle différence y a-t-il entre être UN pingouin et être LE Pingouin ?
Pourquoi Pingouin préfère-t-il la seconde appellation ?**

FONCTIONNEMENT DU TEXTE

1 ***Les personnages.*
Relève les noms des personnages.
Où sont-ils situés dans le texte ?
Comment peut-on les repérer rapidement ?**

2 ***Les paroles.*
Compte, dans la scène 1, combien il y a de répliques.**

On appelle réplique les paroles que prononce chaque personnage.

Comment sont-elles présentées ?

3 ***Certaines parties du texte sont écrites en italique.*
Avec les informations de la scène 1, complète le tableau.**

texte en italique	indique les lieux, les décors, les costumes	indique les situations, les actions

4 **Reprends le même tableau avec le texte de la scène 2.**

Le Long Voyage du Pingouin...

Le Long Voyage du Pingouin vers la jungle
Jean-Gabriel Nordmann • © Éditions La fontaine

(suite de la p. 90)

MAMAN PINGOUIN. – Je commence à avoir froid.

PINGOUIN. – Maman !

MAMAN PINGOUIN. – Quoi encore ?

PINGOUIN. – À quoi ça ressemble un singe ?

MAMAN PINGOUIN. – Tu demanderas à ton grand-père, pour le moment c'est l'heure de dormir.

PINGOUIN. – Est-ce que c'est vrai que là-bas, dans la jungle, il fait toujours chaud ?

MAMAN PINGOUIN. – Très chaud. Beaucoup trop chaud pour nous qui sommes couverts de fourrure.

PINGOUIN. – Est-ce que c'est vrai que chaque animal a une couleur différente et qu'il y a des grands poteaux partout avec des feuilles qu'on appelle des arbres et que dans ces arbres il y a des oiseaux qui parlent et qui ont des plumes toutes décorées ?

MAMAN PINGOUIN. – Il y a aussi des serpents au venin mortel, des tigres qui déchirent leurs proies avant de les manger et des éléphants qui sont aussi grands qu'une montagne. Voilà !

PINGOUIN. – Alors, toi aussi tu connais la jungle ?

MAMAN PINGOUIN. – Par ouï-dire mon fils, par ouï-dire. Ce sont des légendes qui circulent parmi les bavards et les rêveurs et j'en ai entendu parler. Il faut se méfier des rêves, ils t'empêchent d'être heureux avec tes camarades ou avec tes parents, ils finissent par prendre trop de place. Depuis quelque temps tu es dans la lune, tu ne manges plus avec appétit, et voilà que maintenant tu te lèves la nuit. Écoute un peu ta maman et suis-moi, le matin n'est pas encore levé.

(Elle le prend par le bras et il la suit de mauvaise grâce.)

Scène 2

Exercices de présentation ou comment notre Pingouin se prépare au grand voyage.

Le Pingouin, seul au bord de la banquise, la nuit. On entend l'eau clapoter.

PINGOUIN *(sur un ton confidentiel).* – Cette fois personne ne me dérangera, cette fois j'ai pris la grande décision, cette fois rien ne me fera changer d'avis, cette fois c'est le grand jour. Je suis prêt à partir. Je les ai embrassés tous sans faire de bruit pendant qu'ils ronflaient.

(Hésitant.) Avant de me jeter à l'eau… il faut peut-être que je révise les différentes façons de me présenter. C'est important. Au cours d'un voyage, on rencontre des inconnus. On ne rencontre même que ça. Donc il faut s'y préparer. *(Il prend sa respiration et coiffe sa mèche.)*

« Bonjour l'ami, je suis un pingouin »… Non. L'ami, c'est familier, soyons plus réservé.

« Enchanté de faire votre connaissance, quant à moi je suis un pingouin »… Ampoulé*.

« Pingouin et vous ? » Trop bref.

« Je suis un habitant de la banquise, voyez-vous un inconvénient à ce que nous nous liions d'amitié ? » Oh là là, je m'égare… Non, non.

« Bonjour je me présente, je suis un pingouin. » Ça fait bête UN Pingouin, ça sonne mal, ce n'est pas une identité, UN pingouin ! Quelle malédiction de ne pas avoir un prénom ! Chez nous tout le monde est noir et blanc et en plus, on n'a même pas droit aux prénoms. Au moins, pendant mon voyage, ma différence se verra tout de suite. Pourquoi ne pas me présenter comme LE Pingouin ?

« Voyez-vous un inconvénient à ce que je vous adresse la parole je suis LE Pingouin. » C'est mieux !

« Je suis LE Pingouin venu de loin, sans prendre le train. » *(Il rit, se recoiffe.)* « Je vois votre étonnement, animal inconnu, ne craignez rien, je suis LE Pingouin »…ou alors « Veuillez accepter l'amitié d'un étranger qui rêve depuis longtemps de vous rencontrer »… C'est difficile de prévoir à l'avance. Trouvons une forme de salutation passe-partout, voyons… « Je suis LE Pingouin… Je suis LE Pingouin… Je suis LE Pingouin ! » Voilà ! « JE SUIS LE PINGOUIN. » C'est tout, c'est simple, c'est direct, c'est précis, c'est court, c'est parfait !

[…]

Adieu banquise. Vive le nouveau monde.

(Il plonge.)

(...)

* *ampoulé*
Qui est exagéré dans le ton.

Le complément d'objet (direct – indirect)

JE DÉCOUVRE

1 Dans les phrases suivantes, on a surligné le verbe en vert et le complément d'objet en bleu. Complète le tableau et réponds aux questions.

- Le joueur lance le ballon.
- J'écris à mes grands-parents.
- Le fleuve charrie des détritus.
- Une longue promenade longe le canal.
- Je pense à mes amis.
- Je rêve de la soirée passée au spectacle.

La phrase contient un complément d'objet…	
… directement relié au verbe.	… relié au verbe par un petit mot : à – de.
complément d'objet direct COD	complément d'objet indirect COI

Quelle question faut-il poser ?

- Le joueur lance (...... ?) → le ballon.
- J'écris (...... ?) → à mes grands-parents.
- Le fleuve charrie (...... ?) → des détritus.
- Une longue promenade longe (...... ?) → le canal.
- Je pense (...... ?) → à mes amis.
- Je rêve (...... ?) → de la soirée.

JE RETIENS

Le complément d'objet appartient au groupe verbal.

• Le complément d'objet direct (COD) est directement rattaché au verbe.
Il répond à la question qui ? ou quoi ? posée après le verbe.
Ex : Le joueur lance (quoi ?) le ballon.
COD

• Le complément d'objet indirect (COI) est relié au verbe par un petit mot (préposition) : à – de.
Il répond à la question à qui ? à quoi ? de qui ? de quoi ? posée après le verbe.
Ex : J'écris (à qui ?) à mes grands-parents.
COI

JE M'ENTRAÎNE

1 Écris, après chaque complément d'objet surligné, si c'est un complément d'objet direct (COD) ou un complément d'objet indirect (COI).

- Il emprunte chaque jour le métro (......) pour se rendre au travail.
- Ce compagnon de voyage quotidien a déjà plusieurs années (......).
- Il a pourtant menti à ses camarades (......).
- Nous avons manifesté de la colère (......) après cette injustice.
- Les nouveaux lampadaires éclairent parfaitement l'avenue (......).
- Les rosiers grimpants encadrent la fenêtre de ma chambre (......).

2 Souligne les COD des phrases suivantes.

- Elle note mon numéro de téléphone.
- Je marque la marge au bord de la feuille.
- Le directeur a donné une prime.
- Nous avons organisé une grande fête pour son départ.
- Il renverse l'assiette posée sur la table.

3 Souligne les COI des phrases suivantes.

- La prime de fin d'année est octroyée à tout le personnel.
- Le jeune enfant absent ce matin souffre d'une forte grippe.
- Je souris à mon amie.
- Dans l'immeuble voisin, une nouvelle famille succède aux anciens locataires.
- Tu téléphones à tes parents, tu parles de tes bonnes notes.

4 Complète le tableau avec les phrases suivantes.

A → Je prépare mes cannes à pêche.
B → Tu penses fortement à tes camarades.
C → Nous faisons nos devoirs.
D → Elles se chargeront de la nourriture.

phrase	sujet	verbe	COD	COI
A				
B				
C				
D				

Le présent de l'indicatif

JE DÉCOUVRE

1 Quelles remarques peux-tu faire sur ce tableau ?

verbe	je/j'	tu	il/elle	on	nous	vous	ils/elles
soufflent (l. 4) souffler	e	es	e	e	ons	ez	ent
glissent (l. 14) glisser	e	es	e	e	ons	ez	ent
manges (l. 102) manger	e	es	e	e	(e)ons	ez	ent
commence (l. 24) commencer	e	es	e	e	(ç)ons	ez	ent
finissent (l. 101) finir	s	s	t	t	issons	issez	issent
vit (l. 12) vivre	s	s	t	t	ons	ez	ent
tiennent (l. 16) tenir	tiens	tiens	tient	tient	tenons	tenez	tiennent
es (l. 34) être	suis	es	est	est	sommes	êtes	sont
avoir (l. 74)	ai	as	a	a	avons	avez	ont
fais (l. 27) faire	fais	fais	fait	fait	faisons	faites	font

JE M'ENTRAÎNE

1 Écris correctement les verbes surlignés au présent de l'indicatif.
Note entre les parenthèses le verbe modèle du tableau précédent que tu as utilisé.

- Des légendes circuler ...... (......) parmi les bavards.
- Les rêves empêcher ...... (......) d'être heureux.
- Tu ranger ...... (......) tes idées et tu venir ...... (......) dormir.
- Je salir ...... (......) ma belle fourrure.
- Maman Pingouin avoir ...... froid.
- Nous être ...... couverts de fourrure.
- Nous recommencer ...... (......) la même discussion.

2 Complète le tableau en conjuguant les verbes au présent de l'indicatif.

	porter	tracer	nager
je			
nous			
tu			
vous			
ils			

Les mots de sens voisins

JE DÉCOUVRE

1 Remplace les mots surlignés par des mots qui ont un sens voisin.

↪ *régler – aménager – réparer – convenir*

- Tu as bien arrangé ton armoire : il y a plus de place.
- J'ai arrangé la serrure de la porte.
- Il a arrangé cette histoire à la satisfaction de tous.
- Cette date arrange tout le monde.

JE RETIENS

Des mots peuvent avoir des sens très proches. Pour savoir lequel il faut utiliser je dois m'intéresser à son environnement, aux autres mots qui l'entourent (le contexte).

JE M'ENTRAÎNE

1 Complète chaque phrase avec le mot qui convient. *Tu peux utiliser le dictionnaire.*

↪ *direction – partie – côté – face – partout*

- Après un choc avec mon adversaire, j'ai ressenti une forte douleur sur le ...... droit du genou.
- En rase campagne, je marche toujours sur (le côté droit) la ...... droite de la route.
- Les deux (côtés) ...... d'une pièce de monnaie ne sont pas identiques.
- (de quel côté) Dans quelle...... doit-on aller pour rejoindre la route qui mène à la ville ?
- Les visiteurs arrivent (de tous les côtés) de ....

Décrire un animal

J'ÉCRIS

1 Lis le texte ci-dessous.

Il est assis, tout droit, le buste dressé, comme pour observer les alentours. Il a le dos gris foncé, mêlé de fauve et de beige ; le dessous de son corps, plus clair, est un mélange de tons roux et de couleurs flamme comme ses membres. Sa tête est d'un gris foncé et sa queue … sa queue est franchement noire…
Cet animal est une marmotte.

Complète le tableau ci-dessous avec les détails que tu trouveras dans le texte.

détails qui renseignent sur l'allure générale du corps	
détails qui renseignent sur les différentes parties du corps	
détails qui renseignent sur le comportement de l'animal	

Ajoute dans le tableau les détails suivants.

- Elle mesure 60 cm environ de longueur.
- Elle hiberne dans de profonds terriers.
- Son corps est couvert d'une épaisse fourrure.

2 Relève dans le texte « *Le Long Voyage du Pingouin…* », pages 90 et 92, les détails que tu peux retenir pour faire le portrait du pingouin :

- détails physiques,
- détails concernant son comportement.

Recherche dans des documents divers d'autres détails.

En t'inspirant du texte sur la marmotte, fais la description du pingouin.

3 Recherche dans divers documents, des renseignements sur l'animal ci-dessous. Range-les dans le même tableau que celui utilisé dans l'exercice n° 1. Fais son portrait.

LE PETIT ATELIER DE PHILO

- *Pingouin est-il d'accord avec le commentaire de la voix off ?*
- *Pourquoi Pingouin veut-il partir ?*
- *Pourquoi la mère ne veut-elle pas que son enfant parte ?*
- *Es-tu d'accord avec Pingouin ?*
- *Voulons-nous être spécial ou comme tout le monde ?*
- *Les rêves empêchent-ils d'être heureux ?*
- *Faut-il se contenter de ce que l'on a ?*

Trop gourmande !

Petit théâtre de Yasmine et Ali
dans ***Bonnes nouvelles du Maroc***
Adil Semlali • Régis Delpeuch

Personnages
Yasmine, épouse d'Ali
Ali, époux de Yasmine
Le chat

Lieu
La maison de Yasmine et Ali

SCÈNE 1

YASMINE. – Ali, mon cher mari, que m'as-tu rapporté du souk ?

ALI. – J'ai trouvé, chez Ahmed le boucher, de la viande de mouton de premier choix. En voilà un kilo que je lui ai acheté.

YASMINE. – Tu as raison Ali. Cette viande est magnifique !

ALI. – J'ai pensé, ma tendre épouse, que tu pourrais nous en faire un succulent tajine pour le dîner !

YASMINE. – Mais bien sûr ! Je vais la faire mijoter tout l'après-midi, avec des aubergines, des pruneaux et quelques petits oignons et ce soir, on va se régaler. Je te promets un tajine comme tu n'en as jamais mangé !

ALI. – Je vais à la kissaria* acheter quelques étoffes pour le magasin. Mais qu'il me tarde de dîner !

Entre les deux scènes, on voit Yasmine, soulever sans cesse le couvercle du tajine et goûter les morceaux de viande qu'elle remplace par des carrés d'aubergine.

SCÈNE 2

ALI *(entre, en s'adressant au public)*. – Quelle belle journée ! J'ai acheté des étoffes au meilleur prix ! Et je vais manger le meilleur tajine de ma vie !

YASMINE. – Hélas, mon pauvre Ali ! Notre chat est un grand voleur, et nous ne le savions pas !

ALI. – Et qu'a-t-il volé ?

YASMINE. – Il a dérobé et mangé la viande que tu m'avais ramenée. Quel dommage, elle devait être si tendre et si goûteuse !

ALI. – Il a vraiment tout avalé ?

YASMINE. – Tout ! Jusqu'au dernier gramme. Je n'ai pu te faire qu'un tajine de légumes !

ALI *(prenant le chat et le posant sur la balance)*. – Tiens, c'est bizarre !

YASMINE. – Qu'est-ce qui est bizarre ?

ALI. – La balance s'équilibre à un kilo. Alors, explique-moi : si ce kilo est celui du chat, où se trouve la viande ? Et si ce kilo est celui de la viande, où est passé le chat ?

* *kissaria*
Magasin où l'on vend des étoffes, des tissus.

EXPLORATION DU TEXTE

1 Cite :
- une phrase interrogative,
- une phrase exclamative.

2 Retrouve dans le texte « *Dialogue de sourds !* » :
- une réplique d'Ali dans laquelle il utilise « je » ;
- une réplique d'Ali dans laquelle il utilise « tu » qui représente Abdou ;
- une réplique de Yasmine dans laquelle « il » représente le père ;
- une réplique de Sara dans laquelle « il » représente un époux.

3 Retrouve dans le texte « *Trop gourmande !* », des mots ou expressions qui disent que :
- Yasmine fera cuire longtemps à petit feu ;
- Ali est allé au marché couvert arabe ;
- Ali attend avec impatience, il a hâte de manger.

LANGAGE ORAL

**1 Avec plusieurs de tes camarades, préparez un des deux textes que vous présenterez à vos camarades, soit en le lisant à voix haute, soit en le récitant.
Comparez collectivement les différentes interprétations.**

COMPRÉHENSION DU TEXTE

→ ***À propos du texte « Trop gourmande ! »***

1 Que veut Ali ?

2 Que promet Yasmine ?

3 Que fait Yasmine pendant la préparation du repas ?

4 Qu'invente-t-elle pour se justifier ?

5 Que fait Ali pour vérifier les propos de sa femme ?

6 Quelle conclusion Ali tire-t-il de son expérience ?

→ ***À propos du texte « Dialogue de sourds ! »***

**1 Quel est le désir de Yasmine ?
Répond-elle à une question de son mari ?**

**2 Quel est le désir de Sara ?
Pourquoi et à qui fait-elle cette réflexion ?**

3 Quel est le désir de Fatima ?

**4 Après la lecture du texte, donne le sens du titre « *Dialogue de sourds !* ».
Recherche cette expression dans le dictionnaire.
Compare avec le sens que tu proposes et note ce qui est identique.**

FONCTIONNEMENT DU TEXTE

1 Cite le nom des personnages qui interviennent dans :
- **« *Trop gourmande !* »,**
- **« *Dialogue de sourds !* ».**

2 Compte combien de fois chaque personnage intervient et complète le tableau.

	nom du personnage	nombre de répliques
« *Trop gourmande !* »		
« *Dialogue de sourds !* »		

3 Avec les parties du texte qui ne sont pas des paroles prononcées, complète le tableau.

indiquent les lieux, les déplacements	indiquent ce que font les personnages	indiquent le jeu des personnages (comment ils font)

Que remarques-tu ?

4 Ajoute, à la dernière réplique de « *Dialogue de sourds !* », une indication concernant le jeu du personnage.

Dialogue de sourds !

Petit théâtre de Yasmine et Ali
dans ***Bonnes nouvelles du Maroc***
Adil Semlali • Régis Delpeuch
© Sedrap/CDPL

Personnages
Abdou, propriétaire de la maison d'Ali
Yasmine, épouse d'Ali
Ali, époux de Yasmine
Sara, fille de Yasmine et Ali
Fatima, cuisinière de Yasmine

Lieu
Devant la maison de Yasmine et Ali.
Ali est devant sa maison.

Durant toute la scène, les personnages se succèdent, arrivant côté cour. Ils s'interpellent, se parlent sans se regarder et quittent la scène en prononçant leur dernière réplique, côté jardin.

ABDOU. – La paix soit sur toi, Ali ! Et que cette journée te soit favorable !

ALI. – Justement, j'y songeais et je peux t'assurer que tu auras ton argent demain !

YASMINE. – Que te voulait Abdou ?

ALI. – Que je lui paye le loyer ! Mais, je n'ai pas un dirham en poche !

YASMINE. – Qu'il soit vert ou rouge peu m'importe, pourvu que j'aie un caftan neuf !

SARA. – De quoi parliez-vous avec papa ?

YASMINE. – Ton père m'a demandé la couleur que je souhaitais pour un caftan qu'il désire m'offrir. Je lui ai répondu que la couleur m'était égale pourvu qu'il soit neuf !

SARA. – Oh ! Qu'il soit jeune ou vieux, cela m'est bien égal ! Pourvu qu'il m'aime et me traite bien !

FATIMA. – Tu as l'air bien contente, Sara ! Que t'arrive-t-il ?

SARA. – Ma mère veut me marier ! Et elle m'a demandé si je préfère un époux jeune ou un vieil époux ! Je lui ai répondu que je m'en fichais, pourvu qu'il m'aime et me traite bien !

FATIMA. – Peu m'importe que ce soit du bœuf ou du mouton ! Tout ce que je veux, c'est qu'on me l'apporte vite, sinon le déjeuner ne sera jamais prêt à temps !

Les qualifiants dans le GN

JE DÉCOUVRE

1 Compare les mots surlignés des deux phrases. Que remarques-tu ?

Notre chat est un grand voleur.
Notre chatte est une grande voleuse.

Réécris la phrase « *Notre chatte est une grande voleuse.* » en remplaçant le mot chatte par le mot bêtes.
Que remarques-tu ?

2 Compare les mots soulignés des deux phrases. Que remarques-tu ?

Elle veut un caftan qui éclate de couleurs vives.
Elle veut un caftan éclatant de couleurs vives.

Fais la même transformation avec la phrase suivante.

Je gravis avec peine la route qui zigzague.

3 Compare les mots soulignés.

Ce qu'il désire, ce sont des étoffes colorées.
Ce qu'il désire, ce sont des étoffes avec des couleurs.

Que remarques-tu ?
Fais la même transformation avec la phrase suivante.

Il apprécie beaucoup les plats épicés.

JE RETIENS

Dans un GN, il y a le plus souvent plusieurs éléments : un déterminant, un nom, un groupe de mots qui apporte des informations supplémentaires.
Ce groupe de mots est appelé qualifiant.

Ex : un grand voleur
article qualifiant nom

Ce qualifiant peut être :

- **un adjectif qualificatif : il prend alors le genre et le nombre du nom.**
  Ex : des étoffes colorées.
- **un groupe de mots précédé d'un petit mot : de – du – avec – qui…**
  Ex : Le chat qui a mangé la viande, dort.

JE M'ENTRAÎNE

1 Réécris les GN en remplaçant les groupes de mots surlignés par un adjectif que tu choisis dans la liste et auquel tu ajoutes le genre et le nombre qui conviennent.

→ *déchaîné – célèbre – courageux – effrayant – dangereux – éloigné – doré – sanglant*

- un guerrier qui montre du courage
- un voyage qui présente bien des dangers
- une mer qui se déchaîne
- une bague couverte d'or
- un pays loin de tout
- des marins dont le nom figure dans le dictionnaire
- des animaux qui font peur
- des guerres qui font couler beaucoup de sang

2 Réécris les phrases en remplaçant les mots surlignés par le mot entre parenthèses.
Fais attention aux accords dans le GN.

- J'ai vu dans mes rêves des assiettes (plats) bien garnies de viande et de légumes.
- J'ai entendu de longs sifflements (plaintes).
- On nous a servi un dessert (boisson) fruité.
- Nous avons choisi une portion (des morceaux) épaisse et appétissante.
- Il apprécie le travail (cuisine) soigné du chef.
- Elle désire un caftan (robe) neuf mais aussi rouge et vert.

3 Complète le tableau avec les phrases réécrites de l'exercice précédent.

L'adjectif qualificatif est placé avant le nom.	L'adjectif qualificatif est placé après le nom.
	des plats garnis

4 Réponds par « oui » ou « non ».

- L'adjectif qualificatif est un élément du groupe nominal.
- L'adjectif qualificatif se place soit avant, soit après le nom.
- L'adjectif qualificatif s'écrit toujours au masculin.
- Dans « *une étoffe avec des couleurs vives* », vives qualifie le nom couleurs.
- L'adjectif qualificatif s'accorde en genre et en nombre avec le verbe.

Les accords dans le GN

JE DÉCOUVRE

1 Recopie dans le tableau, les groupes de mots et fais apparaître en rouge ce qui a changé.

- la charrette chargée
- les étoffes colorées
- un caftan neuf
- un tajine goûteux
- les charrettes chargées
- l'étoffe colorée
- une robe neuve
- une viande goûteuse

groupes de mots n° 1	groupes de mots n° 2

Que remarques-tu ?

JE RETIENS

Dans un groupe nominal composé d'un article, d'un nom et d'un adjectif qualificatif, chacun des éléments porte le genre et le nombre du nom.
*Ex : **un grand garçon → des grandes filles.***

JE M'ENTRAÎNE

1 Réécris les groupes de mots en remplaçant le mot surligné par le mot entre parenthèses. Fais les modifications orthographiques qui s'imposent.

- J'ai fait un voyage (promenade) merveilleux.
- Des équipes (groupes) soudées s'affrontent.
- Une île (pays) perdue dans l'Océan.
- Des cadeaux (surprises) empaquetés attendent au pied de l'arbre.
- Un enfant (fille) étourdi se promène.

2 Barre le mot qui ne convient pas.

- un voyageur / des voyageurs intrépide
- une voile / des voiles carrée
- une belle et longue / un beau et long voyage
- des armes redoutable / redoutables
- une vraie amie / ami

Les suffixes

JE DÉCOUVRE

1 Quel sens donnes-tu au mot souligné ?

Il a vraiment tout avalé ?

- ☐ Je suis d'accord.
- ☐ De façon véritable, réelle.
- ☐ De façon qui ne me convient pas.

Comment est formé le mot vraiment ?

2 Recherche, dans le texte de la page 98, un mot formé à partir de juste.

3 Quel mot a servi à former chaque liste de mots ?

→ *chaudement – chaudière*
→ *longueur – longuement – longévité*

JE RETIENS

À partir d'un mot simple, on peut former d'autres mots en ajoutant à la fin un élément que l'on appelle le suffixe. *Ex : **froid – froidement***
mot simple suffixe

JE M'ENTRAÎNE

1 Barre l'intrus de chaque colonne.

• chanter	• chaussure	• dentiste
• chanteur	• chaud	• dent
• champion	• chaudement	• dentelle
• chant	• chaudière	• dentition
• chantonner	• chaude	• dense

2 Complète le tableau.

	planter planteur plantoir	glacial glacer glacière	murette muraille mural
mot de base			

3 Choisis une colonne du tableau précédent. Fais une phrase en utilisant chacun des mots de la liste. ***Tu peux utiliser le dictionnaire.***

Écrire un dialogue

J'ÉCRIS

1 Réécris le texte suivant en faisant parler les personnages.

Le Petit Chaperon rouge rencontre le loup dans la forêt. Elle lui dit qu'elle va voir sa grand-mère et qu'elle lui porte une galette avec un petit pot de beurre.
Le loup, très intéressé par cette nouvelle, lui demande si sa grand-mère habite loin.
Oh oui ! s'écrie alors le Petit Chaperon rouge.
Et la petite fille ajoute même que l'on voit tout là-bas la fumée de sa maison.
Le loup malicieux dit alors au Petit Chaperon rouge qu'il veut lui aussi aller voir la grand-mère. Il propose même à la fillette d'aller par ce chemin et elle par celui-là. Ils verront bien qui arrivera le premier.

Conseils :

• Avant de débuter la réécriture :
– repère ce que va dire le Petit Chaperon rouge ;
– repère ensuite ce que va dire le loup ;
– repère enfin tout ce qui dans le texte ne fait pas partie des paroles que les personnages vont prononcer.

• Si tu hésites pour l'écriture de certains verbes dont les terminaisons ont changé, utilise un tableau de conjugaison.

2 Réécris le texte suivant sous forme de dialogue de théâtre.

Avant de te lancer dans la production, relis les pages 96 et 98 pour revoir comment se présentent les dialogues dans une pièce de théâtre.

L'inspecteur Amédée Ambule et ses deux adjoints, le sergent Dame et l'agent Tillesse sont arrivés pour enquêter. Ils se retrouvent dans un salon de la maison en présence de Professotte, la maîtresse de la classe et de Boulimine, une élève sorcière.
L'inspecteur qui a l'accent de Marseille. Alors ! Résumons-nous ! On vous a volé de la vaisselle. Professotte oui c'est cela. En fait, il s'agit plutôt d'une grande marmite, comme un chaudron, voyez-vous ! L'inspecteur écrivant sur son petit carnet. Oui. Un chaudron. Il a une grande valeur, ce chaudron ? Professotte. Oui et non. C'est surtout une valeur sentimentale. Boulimine au public. C'est elle qui le dit ! Comment je fais, moi, pour préparer mes potions, sans mon chaudron ? L'inspecteur continuant à écrire. Vous avez aussi parlé d'un balai ? Je ne comprends pas bien qui pourrait voler un balai !

Histoires de sorcières
Marcel Pineau

LE PETIT ATELIER DE PHILO

- Pourquoi Ali pèse-t-il le chat ?
- Sara et sa mère parlent-elles de la même chose lorsqu'elles discutent ?
- Qu'est-ce qui est drôle dans chacune des deux histoires ?
- Quelle est la morale de chacune de ces deux histoires ?
- Qu'est-ce qui est semblable entre les deux histoires ?
- Que peuvent nous apprendre des histoires drôles ?
- Peut-on se parler sans se comprendre ?

Scoubidou

Acte 1 – Scène 1

La scène se passe sur les toits, devant une grande cheminée.
Le rideau s'ouvre sur un vieux chat qui tourne en rond, comme un lion dans une cage. Arrive un jeune chat.

PAPAMINOU. – Scoubidou ! Ah, te voilà ! Où étais-tu encore passé ? Je me suis inquiété toute la journée ! Mais regarde ton dos ! Tu as vu dans quel état tu es ?

SCOUBIDOU. – C'est en passant sous un grillage !

PAPAMINOU. – Et si tu étais resté coincé !

SCOUBIDOU. – Arrête de te faire du mauvais sang ! Je suis là.

PAPAMINOU. – Peut-être ! Mais d'où reviens-tu ?

SCOUBIDOU. – Je suis allé chez les hommes.

PAPAMINOU. – Alors, tu n'es pas bien, avec moi ? La journée, de gouttière en gouttière ! La nuit à la belle étoile ! Non, MONSIEUR a besoin de confort !

SCOUBIDOU. – Mais, Papa…

PAPAMINOU. – Une souris par-ci, un moineau par-là, c'est quand même mieux que des croquettes ! Se balader sur les toits, libre comme le vent, c'est bien plus marrant qu'être enfermé dans un appartement !

SCOUBIDOU *(se tournant vers le public)*.
– C'est le plus gentil des papis, mais faut pas le CHAtouiller ! *(Puis à Papaminou)* Mais, papi, tu sais bien que si je vais chez les hommes, c'est pour retrouver mes parents !

PAPAMINOU. – Et qui t'a dit qu'ils étaient là-bas ?

SCOUBIDOU. – Personne ! Mais j'en suis presque sûr ! Et si tu ne veux pas que j'aille chez les hommes, tu n'as qu'à me dire où sont mes parents. Tu dois le savoir… puisque tu es mon papi !

PAPAMINOU. – Scoubidou, tu sais bien qu'on m'appelle Papi parce que je suis le plus vieux de tous les chats de gouttière ! Et que je n'ai jamais eu d'enfants !

SCOUBIDOU. – J'm'en fiche ! Tu es quand même mon papi !

PAPAMINOU. – D'accord ! d'accord ! Mais je ne sais vraiment pas où sont tes parents !

SCOUBIDOU. – Tu me le jures ?

PAPAMINOU. – Juré ! Je t'ai trouvé évanoui, sur le couvercle d'une poubelle. Tu étais blessé et tu ne te rappelais plus ce qui t'était arrivé !

SCOUBIDOU. – Oui, mais maintenant, je me souviens ! Ce sont deux voleurs qui nous ont attaqués ! Ils ont attrapé mes parents et les ont mis dans un grand sac !

PAPAMINOU. – Allez ! oublie cette histoire et viens, je vais t'apprendre à chasser les souris.

SCOUBIDOU. – D'accord Papaminou, mais…

PAPAMINOU. – Chut ! Tais-toi ! Cachons-nous ! J'en entends qui arrivent ! *(Ils se cachent derrière une cheminée.)*

(à suivre p. 104)

EXPLORATION DU TEXTE

1 Cite les différents personnages qui interviennent dans la scène 1, puis dans la scène 2.

2 Relève dans le texte :
- une phrase exclamative,
- une phrase interrogative,
- une phrase impérative.

3 Relève une phrase :
- dans laquelle « je » (ou « j' ») représente Scoubidou ;
- dans laquelle « je » (ou « j' ») représente Papaminou ;
- dans laquelle « tu » représente Scoubidou ;
- dans laquelle « tu » représente Papaminou.

4 Retrouve dans le texte, le plus vite possible, un mot dans lequel la lettre « s » à la fin :
- marque le pluriel ;
- marque la terminaison d'un verbe à la deuxième personne (tu) ;
- fait partie de l'orthographe habituelle du mot.

5 Retrouve dans le texte, les expressions utilisées pour dire :
- que Papaminou ne doit pas se faire de souci ;
- que sur les toits, on peut se promener où l'on veut ;
- que Moineau 2, a d'autres affaires plus importantes à traiter.

LANGAGE ORAL

1 Par petits groupes de cinq élèves, présentez à vos camarades la scène 2 de la page 104. Comparez ensuite les différentes interprétations.

COMPRÉHENSION DU TEXTE

1 Quel est le reproche fait par Papaminou à Scoubidou ?

2 D'après Papaminou quels sont les avantages de vivre à l'air libre ? Quels sont les inconvénients de vivre en appartement ?

3 Que recherche Scoubidou ?

4 Papaminou est-il le vrai papi de Scoubidou ? Pourquoi ?

5 Comment Papaminou et Scoubidou se sont-ils rencontrés ?

6 Pourquoi les souris n'ont-elles pas peur de Papaminou ?

7 Comment les souris se moquent-elles de Papaminou ?

8 Pourquoi Papaminou ne pourra-t-il jamais remplacer les parents de Scoubidou ?

9 *Un mot du texte débute par les lettres du mot chat.* Recopie-le et donne sa signification.

Recherche dans le dictionnaire, deux mots formés de la même façon et utilise chacun d'eux dans une phrase.

FONCTIONNEMENT DU TEXTE

1 Relève dans la scène 1, puis dans la scène 2, les noms des personnages et le nombre de répliques de chacun d'eux.

noms des personnages	nombre de répliques

2 Relève dans la scène 2, des paroles qui ne s'adressent à aucun des personnages de la scène.

À qui s'adressent ces paroles ? Comment le sais-tu ?

3 Range les parties du texte qui ne sont pas des paroles prononcées par les personnages dans le tableau suivant.

indiquent les lieux, les déplacements	indiquent le jeu des personnages

Scoubidou

Scoubidou • *dans* **Histoires de chats** • *Coll. « Lecture en tête »*
Michel Piquemal & Régis Delpeuch • © *Sedrap Jeunesse*

(suite de la p. 102)

Acte 1 – Scène 2

SOURIS 1. – Attention, les filles ! Vous avez vu où on est ?

SOURIS 2. – Chez Papaminou.

SOURIS 3. – Arrêtez, j'ai peur !

SOURIS 2. – Pauvre vieux ! Il ne doit même plus se rappeler le goût de la dernière souris qu'il a croquée !

SOURIS 1. – Faudrait lui payer un dentier !

SOURIS 3. – Et des griffes !

SOURIS 2. – Et des lunettes !

SOURIS 1. – Heureusement qu'il mange des croquettes !

SOURIS 2. – De la pâtée pour chats, plutôt !

SOURIS 3. – En tout cas, il devrait conseiller à tous ses copains de faire le même régime. On serait plus tranquilles.

PAPAMINOU *(derrière la cheminée, tout bas à Scoubidou).* – À l'attaque ! Regarde, Scoubidou, comment il faut faire. Tu restes tapi. Tu attends qu'elles s'approchent… et d'un coup d'un seul… tu leur sautes à la… *(Papaminou prend son élan et retombe vingt centimètres plus loin.)* Aïe ! mon dos ! mes pattes ! *(Il n'a même pas réussi à faire peur aux trois souris qui quittent la scène tranquillement.)*

SOURIS 3. – Mais, mais c'est qu'il nous écraserait !

SOURIS 2. – Mais, mais c'est qu'il nous mordrait !

SOURIS 1. – Mais, mais c'est qu'il nous mangerait !

SOURIS 2. – Papaminou, tu veux que j'appelle une infirmière ?

SOURIS 1. – Un kinésithérapeute ?

SOURIS 3. – Un docteur ?

PAPAMINOU *(qui se relève péniblement).* – J'vous aurai ! Un jour, j'vous aurai ! *(Puis se tournant vers Scoubidou.)* Tu as vu ? C'est pas difficile d'attraper une souris. D'accord, j'ai glissé ! Mais, c'est pas plus difficile que ça !

SCOUBIDOU *(vers le public).* – Pauvre Papaminou ! Il ne pourra jamais remplacer mes parents !

Acte 2 - Scène 1

La scène se passe au même endroit. Quand le rideau s'ouvre, Papaminou est en grande discussion avec deux moineaux.

MOINEAU 1. – Et pourquoi tu voudrais qu'on fasse tout ce que tu nous demandes ?

PAPAMINOU. – Pour montrer au petit.

MOINEAU 2. – Lui montrer quoi ?

PAPAMINOU. – Lui montrer comment attraper des moineaux.

MOINEAU 1. – Pour qu'après, il nous croque !

PAPAMINOU. – Mais non ! Il est tout petit ! Vous ne risquez rien.

MOINEAU 2. – Tu nous prends pour des étourneaux ? Toi, t'as plus de dents ni de griffes. Mais lui ?

PAPAMINOU. – Je vous promets ! Il ne vous fera pas de mal.

MOINEAU 2. – Mais alors, dis-nous pourquoi tu veux lui apprendre à chasser.

PAPAMINOU. – Pour qu'il reste avec moi.

MOINEAU 1. – Je comprends rien !

PAPAMINOU. – Scoubidou n'a qu'une idée en tête : retrouver ses parents. Et pour cela, il veut s'en aller. Alors, s'il vous plaît, soyez sympas ! Laissez-vous attraper ! Et comme ça ; il restera avec moi !

MOINEAU 1. – Qu'est-ce que tu en penses !

MOINEAU 2. – J'ai d'autres chats à fouetter ! Mais d'accord !

PAPAMINOU. – Oh ! merci les amis ! Vite ! mettez-vous en place. Je vais le chercher !

(Les deux moineaux se mettent à picorer, côté cour.)

(…)

Les phrases exclamative et interrogative

JE DÉCOUVRE

1 Complète le tableau avec les phrases suivantes.
Tu peux n'utiliser que les numéros.

1 → Vous avez vu où on est ?
2 → Chez Papaminou.
3 → Arrêtez, j'ai peur !
4 → Papaminou, tu veux que j'appelle une infirmière ?
5 → Mais, mais c'est qu'il nous mangerait !
6 → Tu restes tapi.
7 → Tu me le jures ?
8 → Je t'ai trouvé évanoui sur le couvercle d'une poubelle.
9 → Où étais-tu encore passé ?
10 → Je me suis inquiété toute la journée !

La phrase sert à demander quelque chose.	La phrase sert à s'étonner.	La phrase sert à dire simplement.
phrase interrogative	phrase exclamative	phrase déclarative

Quelles remarques peux-tu faire sur les différentes phrases ?

Encadre (ou note, si tu as utilisé les numéros des phrases) en rouge ce que les phrases ont de commun dans chaque colonne.

JE RETIENS

On reconnaît la phrase interrogative et la phrase exclamative par la ponctuation.
La phrase interrogative se termine par le point d'interrogation : (?)
La phrase exclamative se termine par le point d'exclamation : (!)
Dans la phrase interrogative, on peut trouver certains mots ou groupes de mots comme : Comment… ? Pourquoi… ? Quand… ? Qu'est-ce que… ?
Ou encore la place du groupe sujet après le verbe : Viens-tu ?
Dans la phrase exclamative on peut trouver certains petits mots : Si… ! Mais… !

JE M'ENTRAÎNE

1 Mets la ponctuation qui convient.

- Êtes-vous toujours à la maison ……
- Quelle question ……
- Voulez-vous me faire une surprise ……
- Bien entendu ……
- Comme cet animal est sympathique ……
- Oui. Comme il est affectueux ……
- Tu n'aurais pas vu ma caisse à outils ……

2 *La maman demande à son fils s'il aime l'histoire qu'elle vient de lui lire.*
Pose la question de la maman de différentes façons.

3 *Voici une partie du texte « Un réveil difficile » (« Contes du bout du monde » de Régis Delpeuch).*
Complète-le avec la ponctuation qui convient.

– Mais, belle princesse, ce n'était pas hier, c'était il y a cent ans ……
– Je ne vous crois pas. J'appelle mon père. Papa …… Papa …… Mais où est-il …… Papa …… Papa …… Mais que fait-il ……
– Il dort. Tout le monde dort depuis cent ans.
– Arrêtez, avec vos cent ans …… Montons dans la tour voir la vieille qui file la laine : vous verrez qui a raison ……
– Belle princesse, savez-vous qui est cette vieille ……
– Bien sûr ……

4 Complète les trois premières lignes du tableau suivant l'exemple.

phrases déclaratives	phrases interrogatives	phrases exclamatives
Tu ranges tes affaires.	*Ranges-tu tes affaires ?*	*Tu ranges tes affaires !*
	Envoyez-vous le coursier ?	
		Nous adorons ce gâteau !
Tu viens avec moi.		

Choisis trois phrases de la page 104 pour terminer le tableau.

Les accords dans le GN

JE DÉCOUVRE

1 Réécris les phrases en remplaçant les mots surlignés par les mots entre parenthèses. Que constates-tu ?

- Les souris (rats) moqueuses s'amusent.
- Papaminou a recueilli le petit chat (boule de poils) évanoui et blessé sur un couvercle de poubelle.
- C'est un vieux papi (mamie) gentil.
- Les deux voleurs (personnes) masqués et menaçants ont enlevé les parents de Scoubidou.
- Papaminou a fait des sauts (cabrioles) particulièrement difficiles mais réussis.

JE RETIENS

Dans un GN, l'adjectif qualificatif peut être éloigné du nom.
Dans tous les cas l'adjectif s'accorde avec le nom qu'il qualifie.
Ex : les vieilles pierres des murs noircies par la fumée

JE M'ENTRAÎNE

1 Complète chaque phrase avec le mot qui convient.

→ *réussi – réussie – réussis – réussies*

- Le père et ses enfants ont assisté à une compétition de sports collectifs particulièrement ....
- Papaminou n'a pu montrer un saut ....
- Les galettes de maman sont parfaitement ....
- Tous les compétiteurs ont montré des sauts ....

2 Transforme les GN en tenant compte des indications entre parenthèses.

- un homme élégant (féminin – singulier)
- un chat astucieux (féminin – singulier)
- un voleur masqué (masculin – pluriel)
- son chat perdu (féminin – singulier)
- le chat abandonné (féminin – pluriel)
- une louve agressive (masculin – singulier)

Les suffixes et les préfixes

JE DÉCOUVRE

1 *... C'est pour retrouver mes parents.*
Le mot surligné est formé de re + trouver
préfixe + verbe
Quels sont les mots que l'on peut former avec le préfixe re- et les verbes suivants ?

→ *faire – fermer – plier*

Utilise chacun d'eux dans une phrase.

2 *... quittent la scène tranquillement.*
tranquille + ment
adjectif + suffixe
Quels sont les mots que l'on peut former avec le suffixe -ment (ou -ement) et les mots suivants ?

→ *calme – sage – lourd*

Utilise chacun d'eux dans une phrase.

JE M'ENTRAÎNE

1 Dans chaque colonne, barre l'intrus.

• dévisser	• maladroit	• potier
• dévorer	• malhabile	• courrier
• démonter	• malheureux	• plâtrier
• dénouer	• maladif	• douanier
• dépeigner	• malpoli	• routier

2 Complète le tableau.
Utilise chacun des mots trouvés dans une phrase.

mot	préfixe « re- »	suffixe « -eur »
boucher monter venir		
danse montrer assurer		

JE RETIENS

Un préfixe est un élément qui se place au début d'un mot pour en modifier le sens.
Ex : faire – défaire → contraire

Un suffixe est un élément qui se place à la fin d'un mot pour en modifier le sens.
Ex : lait – laitier → métier

Construire des phrases : cause et conséquence

J'ÉCRIS

1 Relie les propositions qui vont ensemble.

Tu sais bien qu'on m'appelle Papi parce que je suis le plus vieux de tous les chats.

Tu sais bien qu'on m'appelle Papi. •	• Raison pour laquelle c'est arrivé. **Cause**
Je suis le plus vieux de tous les chats. •	• Ce qui est arrivé. **Conséquence**

Relève dans la phrase, les petits mots qui relient la conséquence et la cause.

2 Relie les propositions qui vont ensemble.

Je suis le plus vieux de tous les chats, donc on m'appelle Papi.

Je suis le plus vieux de tous les chats. •	• Ce qui est arrivé. **Conséquence**
On m'appelle Papi. •	• Raison pour laquelle c'est arrivé. **Cause**

Relève dans la phrase, le petit mot qui relie la cause et la conséquence.

3 Construis des phrases sur le modèle conséquence – *parce que* – cause, avec les éléments du tableau.

conséquences	causes
• La course à pied sur route n'aura pas lieu. • Les gendarmes ont verbalisé de nombreux automobilistes. • De nombreux arbres ont été déracinés le long du trajet.	• Un vent violent de tempête a soufflé pendant plusieurs heures. • Les organisateurs n'ont pas obtenu les autorisations nécessaires. • La limitation de vitesse n'a pas été respectée.

Avec les éléments du tableau ci-dessus, construis maintenant des phrases, sur le modèle cause – *donc* – conséquence.

4 Rédige des phrases dans lesquelles apparaîtront conséquences et causes.

L'élève a été récompensé	....	....
L'arbitre avait déjà sifflé	....	....
....	*parce que*	....
....	*donc*	....

LE PETIT ATELIER DE PHILO

- *Qu'est-ce qui inquiète Papaminou ?*
- *Papaminou est-il égoïste ?*
- *Papaminou est-il un menteur ?*
- *Le problème de Scoubidou est-il compliqué ?*
- *Scoubidou devrait-il obéir à Papaminou ?*
- *A-t-on parfois le droit d'être égoïste ?*
- *Peut-on avoir de bonnes raisons de mentir ?*

Poésie d'hier

LA GUENON, LE SINGE ET LA NOIX

Une jeune guenon cueillit
Une noix dans sa coque verte ;
Elle y porte la dent, fait la grimace… « Ah ! certes,
Dit-elle, ma mère mentit
Quand elle m'assura que les noix étaient bonnes.
Puis, croyez aux discours de ces vieilles personnes
Qui trompent la jeunesse ! Au diable soit le fruit ! »
Elle jette la noix. Un singe la ramasse,
Vite entre deux cailloux la casse,
L'épluche, la mange, et lui dit :
« Votre mère eut raison, ma mie,
Les noix ont fort bon goût, mais il faut les ouvrir.
Souvenez-vous que dans la vie,
Sans un peu de travail, on n'a point de plaisir. »

Jean-Pierre Claris de Florian

LE CIEL EST…

Le ciel est, par-dessus le toit,
Si bleu, si calme !
Un arbre, par-dessus le toit,
Berce sa palme.

La cloche, dans le ciel qu'on voit,
Doucement tinte.
Un oiseau sur l'arbre qu'on voit
Chante sa plainte.

Mon Dieu, mon Dieu, la vie est là,
Simple et tranquille.
Cette paisible rumeur-là
Vient de la ville.

– Qu'as-tu fait, ô toi que voilà
Pleurant sans cesse,
Dis, qu'as-tu fait, toi que voilà,
De ta jeunesse ?

Paul Verlaine

EXPLORATION DU TEXTE

1 Compare les deux textes et complète le tableau.

texte	titre	auteur	nombre de lignes	ponctuation : oui/non
1				
2				

→ *Dans le texte « La guenon, le singe et la noix »*

1 Retrouve les mots qui riment avec les mots suivants.

→ *casse – ouvrir – fruit*

2 Quel mot ou groupe de mots signifie :

- enlever la peau ?
- paroles prononcées par une personne ?

→ *Dans le texte « Le ciel est… »*

1 Combien y a-t-il de phrases dans ce poème ?

2 Quel mot ou groupe de mots signifie :

- lamentation qui exprime la douleur, la peine ?
- fait entendre un son léger et aigu ?
- sans arrêt, constamment ?

LANGAGE ORAL

1 Choisis un des deux poèmes. Présente-le à tes camarades soit en le lisant, soit après l'avoir appris. Comparez les différentes interprétations. Quelles remarques faites-vous ?

COMPRÉHENSION DU TEXTE

→ *Dans le texte « La guenon, le singe et la noix »*

1 Pourquoi la guenon pense-t-elle que les vieilles personnes trompent la jeunesse ?

2 Quelles différences peux-tu faire entre les comportements des deux personnages ?

3 Quelle leçon peut-on tirer de cette poésie ?

- Il faut manger des fruits.
- Pour obtenir du plaisir, il faut faire des efforts.
- Le travail et le plaisir ne vont pas ensemble.

→ *Dans le texte « Le ciel est… »*

1 Quelle est l'organisation des rimes correspondant aux différentes strophes ?

A	A	A	B
A	B	B	A
B	B	A	A
B	A	B	B

2 Relève dans le texte, tous les mots qui traduisent le calme, la tranquillité.

3 À ton avis, à qui l'auteur s'adresse-t-il ? Justifie ta réponse.

FONCTIONNEMENT DU TEXTE

→ *Dans le texte « La Guenon, le singe et la noix »*

1 Range dans l'ordre du récit les différentes propositions.

- La guenon mord la noix.
- Le singe ramasse la noix.
- La guenon jette la noix.
- Le singe casse la noix.
- La guenon trouve une noix.
- Le singe mange la noix.

2 Relève les vers qui concernent la morale de l'histoire.

→ *Dans le texte « Le ciel est… »*

1 Reproduis et écris dans chaque schéma la strophe qui convient.

Poésie d'ailleurs

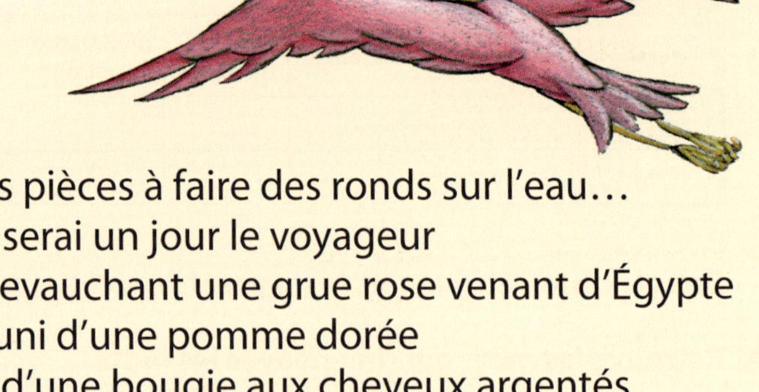

CONTE DE FÉE

Enfant
Je ne savais pas lire
Maman était ma bibliothèque

Je lisais maman –

Un jour
Le monde sera en paix
L'homme sera capable de voler
Le blé poussera en pleine neige
L'argent ne servira à rien…

L'or servira à faire des tuiles
Le papier-monnaie à tapisser les murs
Les pièces à faire des ronds sur l'eau…
Je serai un jour le voyageur
chevauchant une grue rose venant d'Égypte
Muni d'une pomme dorée
et d'une bougie aux cheveux argentés
Je traverserai les pays de conte
pour demander la main de la princesse
de la Ville des friandises

Mais en attendant
Dit maman
On doit beaucoup travailler

Lü Yuan (chinois)

JÉRUSALEM

Sur un toit de la Vieille Ville
une lessive dans l'ultime lumière du jour:
le drap blanc d'une ennemie
la serviette avec laquelle mon ennemi
essuie la sueur de son front.

Dans le ciel de la Vieille Ville
un cerf-volant.
Et au bout du fil,
un enfant
que je ne peux voir
à cause du mur.

Nous avons hissé beaucoup de drapeaux,
ils ont hissé beaucoup de drapeaux.
Pour nous faire croire qu'ils sont heureux.
Pour leur faire croire que nous sommes heureux.

Yehuda Amichaï (hébreu)

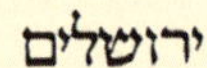

על גג בעיר העתיקה,
כביסה מוארת באור אחרון של יום:
סדין לבן של אויבת,
מגבת של אויב
לנגב בה את זיעת אפו.

ובשמי העיר העתיקה
עפיפון.
ובקצה החוט–
ילד,
שלא ראיתי אותו,
בגלל החומה.

העלינו הרבה דגלים,
העלו הרבה דגלים.
כדי שנחשוב שהם שמחים.
כדי שיחשבו שאנחנו שמחים.

EXPLORATION DU TEXTE

→ *Dans le texte « Conte de fée »*

1 Retrouve rapidement :

- le nom de l'auteur,
- le nombre de strophes,
- le nombre de vers.

2 Réponds par « oui » ou « non ».

- Les rimes des vers vont deux par deux.
- Tous les vers ont le même nombre de syllabes.
- Il n'y a pas de ponctuation. On pourrait mettre un point à la fin de chaque vers.

→ *Dans le texte « Jérusalem »*

1 Retrouve rapidement :

- le nom de l'auteur,
- le nombre de strophes,
- le nombre de vers.

2 Réponds par « oui » ou « non ».

- Les deux poèmes sont présentés de la même façon.

Si tu réponds non, quelle est la différence essentielle que tu vois ?

- Dans le poème, il n'y a pas de ponctuation.

LANGAGE ORAL

1 Choisis un des deux poèmes. Présente-le à tes camarades soit en le lisant, soit en le récitant. Comparez les différentes interprétations. Quelles remarques faites-vous ?

COMPRÉHENSION DU TEXTE

→ *Dans le texte « Conte de fée »*

1 Justifie le titre du poème « *Conte de fée* ».

2 Relève dans le texte les propositions qui te paraissent impossibles.

3 Quelle est la « morale » du poème ? Qu'en penses-tu ?

4 Cherche le sens du mot grue dans le dictionnaire. Quel sens lui donnes-tu dans le texte ?

→ *Dans le texte « Jérusalem »*

1 Où se déroule ce récit ? Recherche dans le dictionnaire le nom de Jérusalem. Qu'apprends-tu ?

2 Cherche dans le dictionnaire le mot hébreu. Qu'apprends-tu ?

3 *L'auteur nous parle de Jérusalem, ville de conflits.* Relève dans le poème tous les termes relatifs à la guerre.

4 Quels sont les signes que les habitants donnent pour faire semblant d'être heureux ?

5 Compare les deux écritures du poème. Recherche comment on écrit, en hébreu, le mot pour. Comment as-tu fait ?

FONCTIONNEMENT DU TEXTE

1 Sans le texte « Conte de fée », réécris les couples de mots qui vont ensemble. Reconstruis le poème en ajoutant les mots qui conviennent. Compare ton écriture au texte.

• le monde	• pleine neige
• l'homme	• à rien
• le blé	• paix
• l'argent	• voler
• l'or	• ronds sur l'eau
• le papier-monnaie	• des tuiles
• les pièces	• les murs

→ *Dans le texte « Jérusalem »*

1 Remets les numéros des structures des strophes dans l'ordre pour retrouver la structure générale du poème.

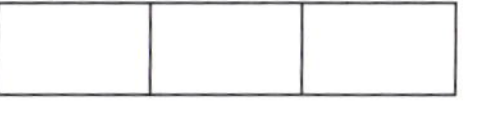

Poésie d'aujourd'hui

LES POÈTES

Moi, j'aime les poètes
C'est là ma déraison
Ce sont de braves bêtes
Qui n'ont pas de maison,
Mais des idées en tête
Plus que Napoléon.
Comme ils sont trop honnêtes,
Ils n'ont pas de pignon
Sur les rues à girouette,
Ni de rhododendrons.
Ils couchent près des chouettes
Comme les vagabonds ;
Ils vont à bicyclette
Par les vaux, par les monts
Et grimpent jusqu'au faîte
Des arrière-saisons ;
Ils sont amis des bêtes,
Des fous, des polissons.
Moi, j'aime les poètes
Qui n'ont pas de maison,
Mais des idées en tête,
Des rêves en tempête,
Des barbes de prophète
Et des airs de chanson.

Jean Desmeuzes

LA VÉRITÉ

Les étoiles ne saignent-elles pas
quand on épingle les papillons ?

Les cailloux ne s'éteignent-ils pas
quand on ferme une maison ?

Les enfants ne fondent-ils pas
quand on entaille le pôle sud ?

Je ne suis sûr de rien,
mais pourquoi donc mon chien
se terre
quand la planète fait la guerre ?

Alain Serres
N'écoute pas celui qui répète

EXPLORATION DU TEXTE

→ *Dans le texte « Les poètes »*

1 **Recherche rapidement les vers qui se répètent.**

2 **Combien de vers comptes-tu ?**

3 **Quelles sont les différentes rimes utilisées par l'auteur.**

4 **Quel est le mot du texte qui signifie :**
- manque de raison ?
- arbuste à feuilles persistantes ?
- personne qui prédit l'avenir ?

→ *Dans le texte « La vérité »*

1 **Compte combien le poème contient de strophes, de vers, de phrases.**

2 **Quelle est la ponctuation utilisée ?**

3 **Retrouve dans le poème, des mots qui ont la même sonorité.**

4 **Quels sont les mots qui signifient :**
- cesser de brûler ?
- éviter de se montrer ?

LANGAGE ORAL

1 **Par équipes de quatre élèves, présentez le poème « *La vérité* » à vos camarades. Chaque élève du groupe doit intervenir.**

COMPRÉHENSION DU TEXTE

→ *Dans le texte « Les poètes »*

1 **Pourquoi l'auteur aime-t-il les poètes ?**

2 **Qui sont « ils » dans le vers « *Ils vont à bicyclette* » ?**

3 **Relève à qui sont comparés les poètes.**

4 **Relie les propositions qui vont ensemble.**

Ce sont de braves bêtes. •	• imaginatifs
Qui n'ont pas de maison. •	• respectueux des différences
Mais des idées en tête. •	• gentils
Ils sont amis des bêtes, des fous, des polissons. •	• pauvres

→ *Dans le texte « La vérité »*

1 **Quel est le titre du poème ? Quel est le vers du texte qui s'oppose à ce titre ? Pourquoi ?**

2 **Quelle est l'idée générale du texte ? Relève la réponse que tu retiens.**
- Les enfants s'amusent.
- La chasse aux papillons.
- La planète fait la guerre.

3 **Sans le texte, complète les phrases avec le verbe qui convient.**
- Les étoiles ......
- Les enfants ......
- Les cailloux ......

FONCTIONNEMENT DU TEXTE

→ *Dans le texte « Les poètes »*

1 **Retrouve la structure du poème en inscrivant dans chaque partie le premier et le dernier mot.**

L'amour des poètes
La vie des poètes
L'amour des poètes

→ *Dans le texte « La vérité »*

1 **Observe les rimes du poème. Relève le numéro de la présentation que tu retiens. Justifie ta réponse en notant le dernier mot de chaque vers.**

1	2
A A	A B
B B	A B
A C	A C
D E D E	D D E E

Lagaffe mérite des baffes

Lagaffe mérite des baffes • Franquin • *© Éditions Dupuis*

EXPLORATION DU TEXTE

1 Dresse oralement la carte d'identité de cette BD.
- Titre : ......
- Auteur : ......
- Éditeur : ......

2 Combien de vignettes comptes-tu dans la BD ?

3 Dans quelle vignette ne trouve-t-on pas de paroles prononcées ?

4 Recherche les mots qui veulent dire :
- personne qui accueille les visiteurs ;
- abîmées ;
- celui qui ennuie, qui dérange.

5 Dans quelle vignette repères-tu les bruits d'une porte qui se ferme brutalement ? d'un chat qui miaule ? d'une grosse colère ?

6 Quand il y a plusieurs bulles dans une vignette, quelle est la règle de lecture ?

LANGAGE ORAL

1 Avec un camarade, vous jouez la scène de la BD. Vous pouvez :
- **soit lire le texte ;**
- **soit le dire à votre façon, texte caché.**

COMPRÉHENSION DU TEXTE

1 Cette planche de BD constitue-t-elle :
- une histoire complète ?
- le début d'une histoire ?
- la fin d'une histoire ?

2 Cite les différents personnages de cette histoire.

3 Certains mots sont écrits en caractères plus gros que d'autres. Pourquoi ?

Parmi ces mots en caractères plus gros, cite :
- ceux qui sont des paroles ;
- ceux qui sont des onomatopées (cherche ce mot dans le dictionnaire).

4 Que s'est-il passé entre la vignette 6 et la vignette 7 ?

5 Recopie le texte qui raconte cette BD.

a • *Prunelle ouvre la porte au chat. Celui-ci va à l'extérieur mais revient immédiatement. Pour entrer, le chat miaule et Prunelle se met en colère. Alors, le chat et la mouette font des trous dans la porte.*

b • *Gaston veut laisser la porte ouverte pour que le chat puisse circuler librement. Mais Prunelle n'aime pas les courants d'air. Alors, Gaston fait des trous dans la porte pour que les animaux puissent entrer et sortir même quand elle est fermée. Prunelle est très en colère.*

FONCTIONNEMENT DU TEXTE

1 Reproduis le plan de la BD.

2 Écris dans chaque vignette les personnages présents.
- Gaston
- le chat
- la mouette
- Prunelle

3 Souligne, dans chaque vignette, le (ou les) personnages(s) qui parle(nt).

4 Réécris les bulles de la dernière vignette en remplaçant les cris poussés par Prunelle par des paroles.

La bonne planque

La bonne planque • dans **Boule & Bill, en vadrouille (Best Of)** • Roba • © Éditions Dupuis

EXPLORATION DU TEXTE

1 Combien comptes-tu :

- de vignettes ?
- de bulles ?

2 Dans quelle vignette ne trouve-t-on pas de paroles prononcées par un personnage ?

3 Dans quelle vignette, repères-tu :

- un personnage qui chante ou qui siffle ?
- un personnage qui se pose une question ?
- un personnage qui manifeste son étonnement ?
- un personnage qui sent quelque chose ?

4 Recherche dans les bulles, les mots qui signifient :

- manger ou boire lentement en appréciant le goût ;
- aspirer fortement par le nez, en faisant du bruit ;
- dans peu de temps, plus tard.

LANGAGE ORAL

1 Raconte à tes camarades ce qui peut se passer entre la vignette 4 et la vignette 5. Comparez les différentes propositions.

COMPRÉHENSION DU TEXTE

1 Cette planche de BD constitue-t-elle :

- une histoire complète ?
- le début d'une histoire ?
- la fin d'une histoire ?

2 Cite les différents personnages de l'histoire. Dans combien de vignettes, chacun d'eux est-il présent ?

3 Réponds par « oui » ou « non ».

- Le jeune garçon jette son sandwich dans la corbeille à papiers.
- Boule comprend que son copain lui cache quelque chose.
- Bill le chien attrape le sandwich et le dévore.
- Le gardien est un personnage agressif qui se fâche contre les enfants.

4 Recopie le texte qui raconte la BD.

a • *Le jeune garçon se méfie de Boule et de son chien. Il cache son sandwich dans la corbeille à papiers. Mais le gardien le récupère et le donne à Bill.*

b • *Le jeune garçon jette son sandwich. Boule et Bill sont contents de retrouver leur copain. Le gardien qui découvre le sandwich parmi les papiers n'est pas content.*

FONCTIONNEMENT DU TEXTE

1 Reproduis le plan de la BD et numérote les vignettes dans l'ordre de lecture.

2 Cite les numéros des vignettes :

- dans lesquelles on ne voit qu'un personnage ;
- dans lesquelles deux personnages échangent des paroles ;
- dans lesquelles aux paroles prononcées, s'ajoutent des éléments qui nous renseignent sur ce que font les personnages ;
- dans lesquelles le jeune garçon est présent ;
- dans lesquelles Boule est présent ;
- dans lesquelles Bill est présent ;
- dans lesquelles le gardien est présent.

3 Complète la bulle de la vignette n° 8 par des paroles que pourrait prononcer le gardien.

DOCUMENTS

Sommes-nous tous obligés de travailler ?

Oui, parce que c'est mal de ne rien faire.

Oui, mais…
- Fait-on toujours quelque chose de bien quand on travaille ?
- Faut-il toujours faire ce qui est bien ?
- Est-ce mal de se reposer ou de rêver ?
- Vivre, n'est-ce pas déjà faire quelque chose ?

Oui, pour gagner sa vie.

Oui, mais…
- Ne peut-on pas perdre sa vie à travailler ?
- Avoir juste assez d'argent pour se nourrir et se loger, est-ce gagner sa vie ?
- Ne peut-on gagner sa vie qu'en travaillant ?
- Les autres ne peuvent-ils pas travailler pour nous faire vivre ?

Oui, parce que sinon les choses dont on a besoin n'existeraient pas.

Oui, mais…
- A-t-on vraiment besoin de tout ce qui existe ?
- Ne doit-on pas apprendre à limiter nos besoins ?
- Les machines ne peuvent-elles pas remplacer les hommes pour fabriquer ce dont ils ont besoin ?
- Notre travail nous permet-il toujours de satisfaire nos besoins ?

Seulement quand on en a envie ou que l'on aime son travail.

Oui, mais…
- Peut-on bien travailler quand on ne le fait pas souvent ?
- Peut-on aimer en permanence ce que l'on fait tous les jours ?
- Sans travailler, peut-on apprendre à aimer travailler ?
- Notre travail doit-il répondre à nos envies ou aux besoins de la société ?

(à suivre p. 122)

EXPLORATION DU TEXTE

1 Combien de questions sont posées dans la page 120 ?

2 Retrouve, le plus rapidement possible, les mots ou groupes de mots qui signifient :

- choses qui manquent (p. 120) ;
- qui n'aime faire aucun effort (p. 122) ;
- fabriquer grâce à son travail (p. 122) ;
- qui fait naître de l'intérêt, qui est passionnant (p. 122).

3 Combien de fois le mot travail se trouve-t-il dans le paragraphe « *Même si … le monde…* », page 122 ?

4 Recherche, dans la page 120, des mots dans lesquels la lettre « g » sert à transcrire des sons différents.

LANGAGE ORAL

1 Choisis une question de la page 120. Prépare une (ou des) réponse(s) que tu proposeras ensuite à tes camarades. Écoute les observations et les remarques qu'ils peuvent faire.

COMPRÉHENSION DU TEXTE

1 Relève dans le document, les arguments utilisés pour justifier :
• la réponse « oui »,
• la réponse « non ».

2 Relève, dans chaque paragraphe de la page 120 :

- une question à laquelle tu répondrais « oui ».
- une question à laquelle tu répondrais « non ».

3 Réponds par « vrai » ou « faux » aux différentes propositions.

- Travailler permet de gagner sa vie.
- On devrait pouvoir travailler quand on en a envie.
- Le travail offre toujours une activité intéressante.
- Travailler est utile à la société.
- Ne pas travailler n'est pas une mauvaise chose.
- Le travail permet parfois de fabriquer des choses dangereuses.

4 Parmi ces trois propositions, quelle est pour toi la plus importante ?

- Les distractions sont plus importantes que le travail.
- Il faut travailler pour s'enrichir.
- Le travail permet d'être utile à la société.

FONCTIONNEMENT DU TEXTE

1 Recopie, parmi les trois propositions, celle qui correspond à la façon dont le texte est présenté.

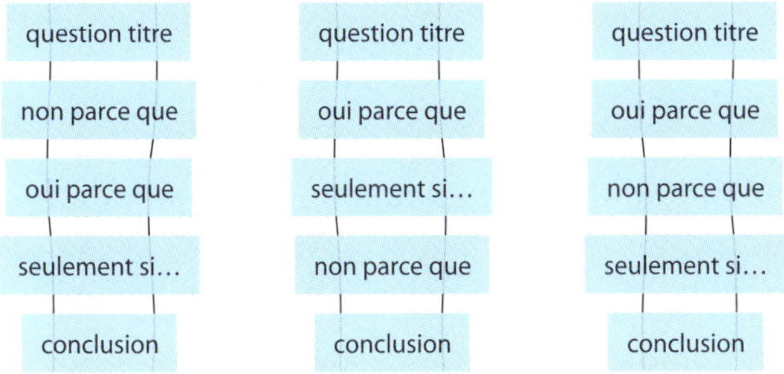

2 Relis le paragraphe « *Même si… le monde…* » page 122.
Relève un élément qui correspond à :

Oui, il faut travailler parce que …… .
Oui, mais …… .

Relève un élément qui correspond à :

Non, il n'est pas nécessaire de travailler parce que …… .

Vivre ensemble, c'est quoi ? • Coll. « *PhiloZenfants* »
Oscar Brenifier • © *Nathan*

(*suite de la p. 120*)

Sommes-nous tous obligés de travailler ?

non, puisqu'il n'y a pas assez de travail pour tout le monde.

Oui, mais…

- Faut-il alors obliger les gens à travailler ?
- Doit-on travailler à tour de rôle ?
- Comment décider qui doit travailler ?
- Ceux qui n'ont pas de travail cessent-ils de faire partie de la société ?

Même si l'on n'aime pas ça, il faut travailler !

Qu'on soit petit ou grand, on ne cesse de nous le répéter. Il est mal vu d'être paresseux. Et une fois adulte, le travail permet de gagner sa vie et de produire tout ce dont la société a besoin. Mais il arrive que nos valeurs ne soient pas en accord avec notre travail : on peut ne pas vouloir fabriquer des choses qui nous semblent inutiles ou dangereuses. On peut aussi regretter que notre travail ne nous apprenne rien d'intéressant. Et puis la société n'offre pas de travail à tout le monde. Alors faut-il accorder autant d'importance au travail ? Oui, s'il nous offre la possibilité de nous améliorer et de faire progresser le monde…

Te poser cette question, c'est donc…

… accepter qu'un effort, parfois pénible, peut apporter une grande satisfaction.

… apprendre à aimer travailler et chercher l'activité qui te corresponde le mieux.

… reconnaître que le travail n'est pas tout dans la vie.

… comprendre que le travail peut te permettre d'être responsable de ta vie.

Le futur de l'indicatif

JE DÉCOUVRE

1 Observe le tableau.
Quelles remarques peux-tu faire :
• en ce qui concerne les terminaisons ?
• en ce qui concerne la façon d'écrire le futur de l'indicatif des verbes du 1er groupe ? des autres verbes ?

infinitif	je/j'	tu	il/elle	on	nous	vous	ils/elles
être	serai	seras	sera	sera	serons	serez	seront
avoir	aurai	auras	aura	aura	aurons	aurez	auront
jouer	jouerai	joueras	jouera	jouera	jouerons	jouerez	joueront
faire	ferai	feras	fera	fera	ferons	ferez	feront
aller	irai	iras	ira	ira	irons	irez	iront
obéir	obéirai	obéiras	obéira	obéira	obéirons	obéirez	obéiront
voir	verrai	verras	verra	verra	verrons	verrez	verront
sauter	sauterai	sauteras	sautera	sautera	sauterons	sauterez	sauteront
venir	viendrai	viendras	viendra	viendra	viendrons	viendrez	viendront
partir	partirai	partiras	partira	partira	partirons	partirez	partiront
devoir	devrai	devras	devra	devra	devrons	devrez	devront

JE RETIENS

Les terminaisons du futur de l'indicatif sont :
ai – as – a – ons – ez – ont.
Pour écrire le futur :
• j'ajoute les terminaisons à l'infinitif ;
Ex : *tu sauter + -as → sauteras*
• j'obtiens une forme proche de l'infinitif mais avec quelques modifications ;
Ex : *venir → il viendra*
• j'obtiens une forme tout à fait différente de l'infinitif. Ex : *être → je serai*

JE M'ENTRAÎNE

1 Complète le tableau au futur de l'indicatif.

infinitif	je/j'	tu	il/elle	on	nous	vous	ils/elles
manger		mangeras					
avoir					aurons		
sortir				sortira			
voir		verras				verrez	
lancer	lancerai						
dire			dira				
être							seront
pouvoir		pourras					
savoir				saura			

Le futur de l'indicatif

JE DÉCOUVRE

1 Classe les verbes surlignés dans le tableau.

Je pense que plus tard on apprendra à limiter nos besoins. Les machines pourront remplacer les hommes. Aujourd'hui certains ont juste de quoi se loger. Demain, nous gagnerons notre vie en travaillant autant et notre travail nous permettra de vivre dignement. Ceux qui n'auront pas de travail cesseront peu à peu de faire partie de l'évolution de la société.
Tout cela n'est pas très optimiste.

verbe qui indique que l'action aura lieu plus tard	GS	verbe conjugué à un autre temps	GS

JE RETIENS

Le futur de l'indicatif est utilisé pour exprimer une action à venir par rapport au moment où on parle, où on écrit. Certains mots peuvent être utilisés : bientôt, demain, plus tard…
Les terminaisons du futur sont : ai – as – a – ons – ez – ont.

JE M'ENTRAÎNE

1 Écris les verbes suivants à la 1re personne du singulier et à la 1re personne du pluriel du futur de l'indicatif.

→ *chercher – rougir – louer – suivre – pouvoir*

2 Écris les verbes suivants à la 3e personne du singulier et la 3e personne du pluriel du futur de l'indicatif.

→ *changer – sortir – voyager – prendre – aller*

3 Complète les phrases en écrivant le verbe entre parenthèses au futur de l'indicatif.

- Cet hiver, nous (aller) …… faire du ski dans les Alpes.
- (Venir) ……-tu avec nous ?
- Tu (prendre) …… les pistes les plus faciles.
- Je te (montrer) …… des coins de montagne que je connais bien.
- Nous (pouvoir) …… utiliser des raquettes pour nous déplacer.
- Ces vacances (être) …… de magnifiques souvenirs.
- Les enfants (avoir) …… le temps de s'amuser.
- Que (faire) ……-vous s'il neige toute la journée ?
- On (venir) …… vous chercher vers huit heures.

Les expressions

JE DÉCOUVRE

1 Réécris les phrases en remplaçant les expressions contenant le mot mal par les groupes de mots qui conviennent.

→ *de plus en plus mal – en grand danger – un assez grand nombre – a été choqué – brouillé, fâché*

- L'accidenté est au plus mal.
- Depuis notre dispute, je suis mal avec mon voisin.
- Il a mal pris les observations qu'on a pu lui faire.
- La situation de la circulation dans la ville va de mal en pis.
- Il y avait pas mal d'enfants lors de la cérémonie officielle.

2 Réécris les phrases en remplaçant chaque groupe de mots surligné par une expression contenant le mot monde.

→ *se faire un monde – au bout du monde – se moquer du monde – c'est un monde ! – il y a un monde – le monde à l'envers*

- Il habite très loin.
- Dans cette famille tout est contraire aux habitudes.
- C'est incroyable !
- Il y a une très grande différence entre les deux amis.
- Ma sœur exagère les difficultés devant un problème.
- Il se comporte avec impolitesse.

Construire des phrases : cause et conséquence

J'ÉCRIS

1 Construis des phrases en utilisant deux propositions que tu relieras par parce que.

- Le dîner sera court.
- Le cours d'eau déborde.
- La fin de l'histoire est triste.
- La voiture a heurté un arbre.

- On ne sait pas ce que devient le héros.
- Le repas a brûlé dans le four trop chaud.
- Le conducteur a freiné trop brutalement.
- La pluie tombe abondamment depuis plusieurs jours.

2 Associe une des causes suivantes à la conséquence qui lui correspond. Réécris chaque phrase selon le modèle cause/conséquence puis selon le modèle conséquence/cause.
Attention aux majuscules et à la ponctuation.

- le magasin restera fermé
- à cause d'une grève générale
- à cause de chutes de neige très abondantes
- parce qu'il n'avait pas appris ses leçons
- l'élève n'a pas réussi son devoir
- en raison des congés annuels
- le col qui conduit à la station de ski reste inaccessible
- les transports en commun ne circulent pas

3 Lis l'expression ci-dessous et son explication.

« Têtu comme une mule. »
Très têtu, qui s'obstine et ne veut pas changer d'avis comme la mule qui s'obstine parfois à ne pas vouloir avancer.
Mon camarade est têtu comme une mule, il refuse de reconnaître qu'il a tort.

Complète les expressions suivantes.
Tu peux utiliser le dictionnaire.

- ...... comme des sardines.
- ...... comme des singes.
- ...... comme une pie.

4 Explique les expressions suivantes.

- Grand comme une girafe.
- Fier comme un paon.

5 Invente des expressions débutant par un adjectif suivi d'un animal, d'une personne, d'un fruit ou d'un objet quelconque.
Tu peux utiliser le dictionnaire.

Utilise chaque expression inventée dans une phrase pour préciser le sens que tu lui donnes.

Illustre une de ces expressions.

LE PETIT ATELIER DE PHILO

- *Aime-t-on travailler ?*
- *Quel est le but principal du travail ?*
- *Voler, est-ce travailler ?*
- *Peut-on apprendre à aimer un travail ?*
- *Le travail est-il toujours sérieux ?*
- *Faut-il essayer de moins travailler ?*
- *Est-ce que l'on choisit son métier ?*

Pourquoi te disputes-tu avec ceux que tu aimes ?

Parce que s'ils m'embêtent, je me défends.

Oui, mais…
- Les autres ont-ils parfois raison de t'embêter ?
- Dois-tu obligatoirement te défendre lorsqu'ils t'embêtent ?
- Ceux qui t'aiment peuvent-ils t'aimer et t'embêter ?
- Pourquoi embêtes-tu les autres si tu n'aimes pas qu'ils t'embêtent ?

Parce que je suis en colère.

Oui, mais…
- Qui te met en colère, les autres ou toi-même ?
- La dispute apaise-t-elle la colère ?
- Ne vaut-il pas mieux rester seul lorsque tu es en colère ?

Parce que je suis méchant.

Oui, mais…
- Est-on méchant parce qu'on se dispute ou se dispute-t-on parce qu'on est méchant ?
- Si tu étais méchant, comment pourrais-tu aimer ?
- Peut-on être entièrement méchant ?

(à suivre p. 128)

EXPLORATION DU TEXTE

1 Combien de fois retrouves-tu dans la page 126 :

- le mot embêter sous différentes formes ?
- le mot colère ?
- le mot méchant ?

2 Retrouve, page 128, le mot ou groupe de mots du paragraphe « *Les disputes… on aime.* » qui signifie :

- des disputes excessives ;
- qui demande beaucoup aux autres, qui n'est pas possible à contenter ;
- une présence que l'on ne peut pas accepter ;
- désaccord entre deux personnes ;
- l'indifférence de ceux qu'on aime.

3 Retrouve, le plus rapidement possible, dans la page 128, les mots qui ont été formés à partir des mots suivants.

↪ *calme – accord – froid*

Explique comment chacun d'eux est formé.

LANGAGE ORAL

1 Choisis une question de la page 126. Prépare une réponse puis propose-la à tes camarades. Écoute ensuite les observations et les remarques qu'ils peuvent faire.

COMPRÉHENSION DU TEXTE

1 Relève dans le texte, les raisons qui pourraient justifier une dispute.

2 Choisis, page 126, une question à laquelle tu crois pouvoir apporter une réponse. Propose cette réponse à tes camarades et les arguments qui vont avec.

3 Après la lecture du paragraphe « *Les disputes… on aime.* », page 128, réponds par « vrai » ou « faux » aux différentes propositions.

- Les disputes les plus excessives se déroulent entre personnes qui s'aiment.
- Si tu te disputes avec tes proches, c'est que tu les vois souvent.
- Tu es très content lorsque tes proches sont absents.
- Une des causes essentielles des disputes est la colère.
- Les disputes prouvent que les gens ne s'aiment pas.
- Une dispute arrive souvent parce que l'on accepte mal que les autres ne pensent pas comme nous.

4 Raconte ta dernière dispute avec quelqu'un que tu aimais bien. Pourquoi cette dispute a-t-elle eu lieu ? Retrouve dans le texte, le paragraphe qui correspond à cette raison et réponds aux différentes questions qui sont posées.

FONCTIONNEMENT DU TEXTE

1 Complète le schéma avec les propositions suivantes.

- Si on se dispute, la colère peut ne pas disparaître.
- Parce que je suis en colère.
- Tu te mets en colère peut-être à cause des autres ou peut-être à cause de toi-même.
- Pourquoi te disputes-tu avec ceux que tu aimes ?
- Quand on est en colère, il vaut peut-être mieux s'isoler.

question :
raison :
arguments qu'on oppose :

2 Complète le tableau avec les propositions suivantes.

- Si on est en colère, il vaut mieux s'isoler.
- C'est peut-être toi seul qui te met en colère et pas les autres.
- Je me dispute avec ceux que j'aime parce que je suis en colère.
- La dispute n'arrête pas souvent la colère.

cause :
oui, mais :

Les sentiments, c'est quoi ? • Coll. « *PhiloZenfants* »
Oscar Brenifier • © *Nathan*

(suite de la p. 126)

Pourquoi te disputes-tu avec ceux que tu aimes ?

Parce que ça me fait du bien.

Oui, mais…

- Et si ça fait du mal à ceux que tu aimes ?
- Est-ce que tu te sens toujours mieux après une dispute ?
- La dispute peut-elle être un jeu ?

Pour régler des problèmes.

- Ne vaut-il pas mieux discuter calmement des problèmes ?
- Peut-on toujours régler les problèmes ?
- Les disputes ne créent-elles pas de nouveaux problèmes ?
- Ce que l'on dit quand on se dispute est-il toujours juste et réfléchi ?

Les disputes les plus violentes sont souvent celles qui t'opposent à ceux que tu aimes. Peut-être parce que les sentiments te rendent fragile, exigeant à leur égard. Peut-être aussi parce que tu vis avec eux, que tu les vois souvent : si leur absence t'est pénible, leur présence peut être insupportable. Les causes de conflit ne manquent pas : la colère, un désaccord, le plaisir d'embêter l'autre ou l'impression d'être agressé. Les disputes ne nient pas l'amour : elles expriment la difficulté à accepter la différence, l'opposition ou la froideur… de ceux qu'on aime.

Te poser cette question, c'est donc…

… comprendre les raisons des disputes pour moins se laisser emporter par la violence.

… prendre conscience que certains gestes ou paroles peuvent blesser ceux qu'on aime.

… se rendre compte que vivre avec les autres s'apprend, même quand on les aime.

La phrase négative

JE DÉCOUVRE

1 Compare les phrases et complète le tableau.
Les phrases soulignées sont les phrases affirmatives.
Écris en rouge ce qui a changé.

Pourquoi te disputes-tu avec ceux que tu aimes ? Parce que je suis en colère. Pourquoi ne te disputes-tu pas avec ceux que tu n'aimes pas ? Parce que je suis méchant. Parce que je ne suis pas en colère. Ça ne fait jamais de bien. Parce que je ne suis jamais méchant. Ça fait du bien.

phrases affirmatives	phrases négatives

2 Souligne :
• en bleu, la phrase négative de type interrogatif,
• en vert, la phrase négative de type exclamatif,
• en noir, la phrase négative de type impératif.

- Ne circulez pas sur ce chemin.
- Les disputes ne nient pas l'amour.
- Il vaut mieux discuter calmement des problèmes.
- Les autres n'ont-ils pas raison ?
- Elle n'est vraiment pas méchante !

Recopie chaque phrase et fait apparaître en rouge ce qui t'a guidé pour faire ton choix.

JE RETIENS

Une phrase est à la forme négative lorsqu'elle contient des petits mots : ne – n' – ni accompagnés le plus souvent d'un autre mot : pas – point – plus – rien…
Ces mots, ne… pas, ne… plus, ne … rien, sont des adverbes de négation.
Les phrases qui ne contiennent pas de négation sont à la forme affirmative.
Tous les types de phrases peuvent être à la forme négative.
*Ex : **Ne fumez pas !***
Ce n'est pas la peine !
Pourquoi ne viens-tu pas au cinéma ?

JE M'ENTRAÎNE

1 Recopie les phrases négatives.
Souligne les marques de la négation.

- La colère est mauvaise conseillère.
- Le méchant n'aime pas.
- Cela ne vous effraie-t-il pas ?
- Quelle ne fut pas ma surprise !
- Ne portez rien.
- Vous ne pouvez pas me fâcher.
- L'affaire est grave.
- Il faut rester seul.
- Les disputes n'apaisent pas la colère.
- Ne m'embête pas !
- Tu ne m'embêteras plus ?
- Tu m'embêtes !
- Ne faites plus attention à lui.

2 Transforme les phrases en phrases négatives.

- Je suis en colère.
- Tu es méchant ?
- Tu te disputes avec eux.
- Les causes de conflit manquent.
- Qu'elle est belle cette journée !
- Sors de là.
- Voyez-vous ce désastre ?

3 Écris ces phrases à la forme affirmative.

- Je n'en veux plus.
- Elle ne marche pas beaucoup.
- Je n'y vais pas pour le week-end.
- Je n'entends pas la musique.
- Je ne sais pas.

4 *Chaque panneau indique une interdiction.*
Rédige, pour chacun d'eux, une phrase à la forme négative.

« é » ou « er »

JE DÉCOUVRE

1 Complète le tableau avec les mots surlignés.

Bernard m'a soufflé sa trouvaille à l'oreille.
On a tellement ri qu'on a oublié la sonnerie…
Bernard a gagné le droit de lire le Chat Botté et de résumer l'histoire en dix lignes. J'ai gagné un exposé sur la vie des fourmis. Le lendemain on s'est retrouvé. On a passé notre temps à bavarder, à chahuter. Moi, je ne devais pas oublier d'acheter les commandes.

mots en er	mot(s) qui précède (nt)	mots en é	mot(s) qui précède (nt)

JE RETIENS

L'infinitif en « er » se trouve après à – de – pour ou après les verbes faire – falloir – pouvoir…
Le participe passé en « é » se trouve après le verbe avoir ou être.
Pour les distinguer, on utilise un verbe du 3e groupe. *j'ai gagné → j'ai vendu*
je peux gagner → je peux vendre

JE M'ENTRAÎNE

1 Mets la terminaison qui convient « -é » ou « -er ».

- J'ai dégust…… le gâteau que maman a prépar…… .
- Papa a fait répar…… la clôture du jardin.
- Le chien a trouv…… un nouveau maître.
- Toute la famille a voulu le caress…… .
- Il faut prendre la peine d'écout…… les bons conseils.
- Qui a déchir…… les pages du livre ?

2 Mets la terminaison qui convient.
Justifie entre parenthèses avec vendu ou vendre ou un autre verbe du 3e groupe.

- On doit se lev…… tôt pour arriv…… à l'heure.
- Je vais termin…… ce livre que j'ai commenc…… la semaine dernière.
- Quel escalier as-tu grimp…… ?
- Allez-vous accept…… cette proposition ?
- J'ai propos…… de commenc…… à travaill…… .
- Je pense all…… pêch…… le prochain samedi.
- J'ai encourag…… mes camarades à grimp…… plus rapidement la colline.

Les contraires

JE DÉCOUVRE

1 Relève, dans le texte 2, les mots qui ont changé. Recherche dans le dictionnaire le sens de chacun d'eux. Quelles remarques peux-tu faire ?

Texte 1
Les disputes les plus violentes sont souvent celles qui t'opposent à ceux que tu aimes. Peut-être parce que tes sentiments te rendent exigeant à leur égard. Peut-être parce que tu les vois souvent : si leur absence t'est pénible, leur présence t'est insupportable.

Texte 2
Les disputes les plus calmes sont souvent celles qui t'opposent à ceux que tu aimes. Peut-être parce que tes sentiments te rendent indulgent à leur égard. Peut-être parce que tu les vois rarement : si leur absence t'est tolérable, leur présence t'est supportable.

Comment a-t-on formé le contraire de insupportable ?

JE M'ENTRAÎNE

1 Écris le contraire des mots suivants.

→ *se lever – humide – faux – Entrez ! – arrivez – juste – propre – lisible – trouver*

2 Écris le mot qui correspond à la proposition puis son contraire.
Les deux mots se terminent par « -able ».

- Ce carton, malgré son épaisseur, peut être plié.
- Cette eau peut être bue.
- Ce vêtement est neuf, il peut être mis.
- Le château, malgré ses défenses peut être pris.

3 Écris le contraire des mots en utilisant le préfixe « in- » ou « im- ».
Utilise chacun d'eux dans une phrase.

→ *pair – payé – animé – vendu – exact – utile*

Réécrire un texte en « je »

J'ÉCRIS

1 Réécris le texte à trous suivant en utilisant la première personne je.

Tout d'abord, ... me présente : ...... appelle Pierre Dupuis ; ...... père est papetier, libraire, et ...... maison se trouve sur la place.
...... amis ...... surnomment parfois « Maître » parce que ...... porte des lunettes et que ...... suis parmi les meilleurs élèves de ...... classe.
...... espère pouvoir passer bientôt au collège. Plus tard, ... voudrais être docteur.

2 Rédige un petit texte de présentation te concernant en t'inspirant du texte ci-dessus.

3 Réécris le texte de l'exercice n° 1 à la 2ᵉ personne du singulier (tu).
Utilise un tableau de conjugaison.

4 Lis la BD ci-dessous, puis réécris l'histoire : c'est le Petit Chaperon rouge qui raconte.

Un jour, dans la forêt, je rencontre…

5 Complète le texte à trous ci-dessous, en utilisant la première personne je.

J'ai dix ans
...... ai dix ans.
Gaiement ...... envole comme un papillon vaporeux.
...... marche sur les jours heureux
Et ...... cœur ouvre sa corolle
Comme une fleur en liberté.
...... embrasse le ciel étoilé
...... chante comme l'oiseau bleu qui bâtit son nid dans ...... yeux
Et ...... avance dans la vie
(…)

DR • J.L Vanhan

Réécris le texte à la 3ᵉ personne du singulier (il).

6 Relis la BD de la page 114, « *Lagaffe mérite des baffes* » puis continue le texte ci-dessous dans lequel Gaston Lagaffe raconte ce qui lui est arrivé ce jour-là, au bureau.

Cet après-midi, au bureau, j'ai entendu le chat qui miaulait derrière la porte. Je ......

LE PETIT ATELIER DE PHILO

- *Que voulons-nous de l'autre lorsque nous l'aimons ?*
- *Sommes-nous souvent déçus par ceux que nous aimons ?*
- *Devons-nous nous protéger de ceux que nous aimons ?*
- *Sommes-nous en général d'accord avec ceux que nous aimons ?*
- *Peut-on vivre sans se disputer ?*
- *L'amour entraîne-t-il nécessairement des disputes ?*
- *L'amour est-il raisonnable ?*

Les grandes religions du monde

LE JUDAÏSME

Je m'appelle Ofer, j'ai dix ans.
Je vis en Israël (Moyen-Orient).
Ma religion est le judaïsme.

Ce que nous croyons

Notre religion est l'une des plus anciennes du monde.

Il y a presque quatre mille ans, un homme appelé Abraham s'est installé avec sa famille en terre de Canaan (aujourd'hui Israël). Il affirmait : « Il n'y a qu'un seul Dieu, qui veut faire alliance avec nous. »

Puis Jacob, un des petits-fils d'Abraham, a donné naissance à notre peuple, le peuple juif.

Nous croyons que Dieu est présent dans toute notre histoire. Et nous attendons le Messie, l'envoyé de Dieu. Quand il viendra, la terre entière connaîtra la paix et la justice.

Nos gestes religieux

Chaque semaine, du vendredi soir au samedi soir, nous fêtons le shabbat en famille. Nous ne travaillons pas, pour mieux penser à Dieu. Le vendredi soir, nous chantons et nous prions ensemble, autour de la table prête pour le dîner. Mon père, mon grand frère et moi, nous portons sur la tête une kippa en signe de respect pour Dieu.

La nourriture que nous mangeons est kascher, c'est-à-dire préparée selon des règles très précises. Par exemple, la viande doit être vidée de son sang, et on ne doit pas la mélanger à des laitages.

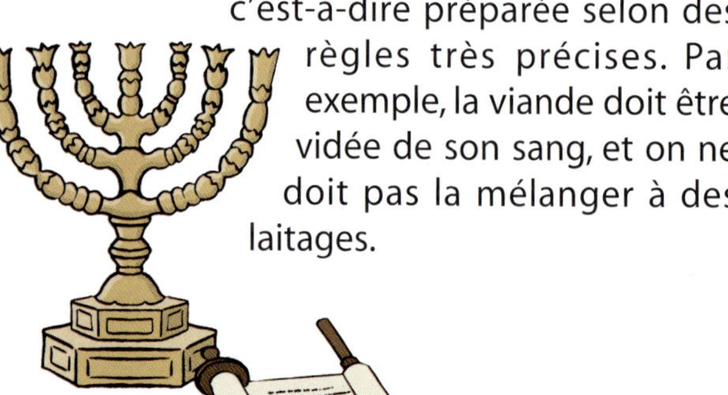

LE BOUDDHISME

Je m'appelle Katsouko,
j'ai sept ans.
Je vis au Japon (Asie).
Ma religion est le bouddhisme.

Ce que nous croyons

Nous n'avons pas de dieu. Notre modèle est le Bouddha : cela veut dire l'Éveillé. C'est le nom que l'on donne au prince Siddhârtha Gautama, né en Inde il y a environ 2 500 ans. Il enseignait que la vie est une souffrance, qui vient du désir de posséder.

Pour atteindre la paix, il est important de supprimer tout désir égoïste en menant une vie sans violence.

Nos gestes religieux

À la maison, nous avons un butsudan : c'est un petit autel devant lequel nous prions en famille. Il y a une image du Bouddha, des plaques avec les noms de nos ancêtres et des bâtons d'encens.

(à suivre p. 134)

EXPLORATION DU TEXTE

1 Combien de fois trouves-tu le mot Dieu page 132 ? page 134 ?

2 Situe le plus rapidement possible (titre général – titre du chapitre – numéro de la ligne), les mots suivants.

→ *kippa – encens – messe – La Mecque*

3 Recherche, dans le texte, les mots ou groupes de mots qui signifient :

• personne qui ne pense qu'à elle-même (p. 132) ;
• marquer un événement par une fête, par une cérémonie (p. 134) ;
• personne qui suit l'enseignement d'un maître, qui adopte ses idées (p. 134) ;
• se débarrasser des souillures morales, se rendre plus pur (p. 134) ;
• se courber jusqu'à terre (p. 134).

LANGAGE ORAL

1 Présente à tes camarades la religion de ton choix, livre fermé. Comparez collectivement les différentes présentations. Notez les oublis, les erreurs…

COMPRÉHENSION DU TEXTE

1 Range les différentes religions présentées de la plus récente à la plus ancienne. Justifie ta proposition avec des éléments du texte.

2 Quelle est la religion qui :

• recommande d'avoir chez soi un petit autel pour prier ?
• recommande de purifier certaines parties du corps avant la prière du matin ?
• recommande aux personnes de ne pas travailler du vendredi soir au samedi soir ?
• propose d'entrer dans la religion par la cérémonie du baptême ?

3 Relie les éléments qui vont ensemble.

Le bouddhisme •	• Jésus Christ
L'islam •	• Siddhârtha
Le judaïsme •	• Mohammed
Le christianisme •	• Abraham

4 Ajoute, après chaque proposition, le nom de la religion qui convient.

• Allah est le Tout-Puissant.
• Dieu est présent dans toute notre histoire.
• C'est Dieu qui donne la possibilité aux hommes de vivre comme Jésus.
• La vie doit être menée sans violence et sans égoïsme.

FONCTIONNEMENT DU TEXTE

1 Pour chaque religion, complète les cases lorsque c'est possible.

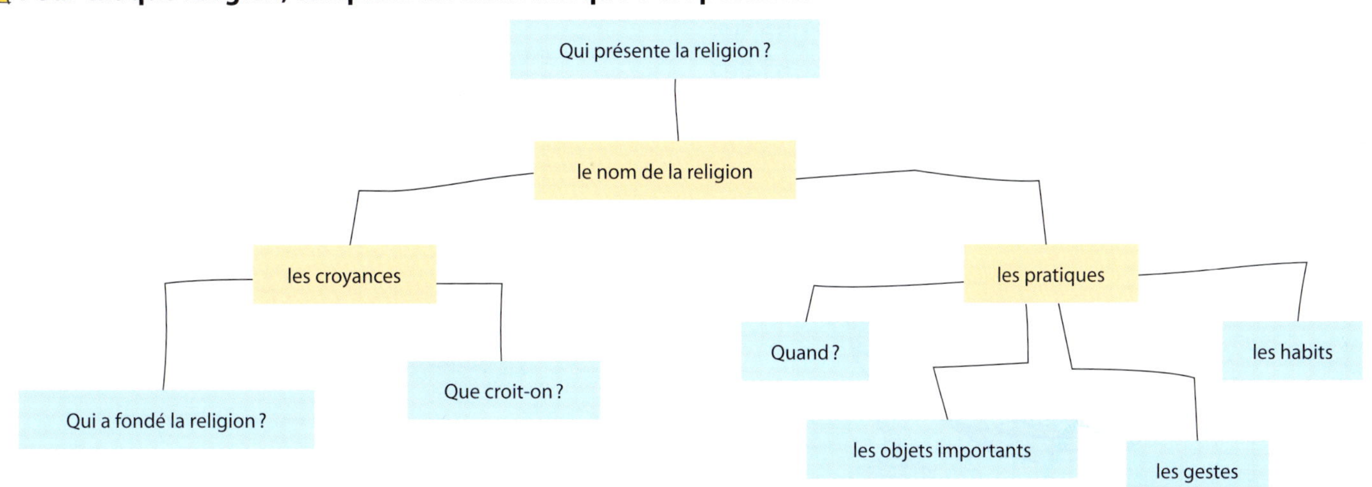

Les grandes religions du monde

Les grandes religions du monde
Benoit Marchon & Jean-François Kieffer

(suite de la p. 132)

LE CHRISTIANISME

Je m'appelle Sébastien,
j'ai onze ans.
Je vis en France (Europe).
Ma religion est le christianisme.

Ce que nous croyons

Moi, je suis catholique. Mais il y a trois grandes familles de chrétiens : les catholiques, les protestants et les orthodoxes. Ils se sont séparés il y a très longtemps, parce qu'ils n'étaient pas d'accord sur certaines questions de la foi.

Tous, nous croyons en Dieu, père et créateur du monde. Nous croyons aussi en Jésus Christ, le Messie, le Fils de Dieu.

Jésus était juif. Il a vécu en Palestine, il y a deux mille ans.

Jésus est mort sur une croix, mais ses disciples l'ont vu ressuscité, mystérieusement vivant.

Nous espérons qu'après notre mort Dieu nous ressuscitera comme il a ressuscité Jésus. Et nous croyons que Dieu donne aux hommes son Esprit Saint, pour vivre et aimer comme Jésus nous l'a montré.

Nos gestes religieux

Quand j'étais petit, mes parents m'ont fait baptiser. Par mon baptême, je suis entré dans la grande famille des chrétiens : l'Église.

Le dimanche, nous nous réunissons pour célébrer la messe (les protestants disent le culte, les orthodoxes la divine liturgie) : nous écoutons des textes de la Bible, et nous refaisons les gestes du dernier repas de Jésus en partageant du pain et du vin. Nous le faisons pour communier à la vie de Jésus, pour que l'Esprit Saint nous aide à aimer Dieu et les autres.

L'ISLAM

Je m'appelle Touria, j'ai neuf ans.
J'habite en Tunisie
(Afrique du Nord).
Ma religion est l'islam.

Ce que nous croyons

Nous croyons qu'Allah est l'Unique. Le Tout-Puissant, le Miséricordieux.

« Islam » veut dire « celui qui est soumis à Allah ». Pour nous les musulmans, Mohammed est le Prophète, celui qui a reçu le message d'Allah pour le transmettre aux hommes. Mohammed est né à La Mecque (en Arabie), vers 570. Je crois qu'en France, on l'appelle Mahomet.

Nous pensons qu'Abraham, Moïse et Jésus sont aussi des prophètes, mais moins importants que Mohammed.

Nos gestes religieux

Pour devenir musulman, il faut affirmer en le croyant très fort : « Il n'y a pas d'autre dieu qu'Allah, et Mohammed est son prophète. »

C'est la profession de foi.

Mes parents prient cinq fois par jour. D'abord, ils commencent par se purifier en se lavant les mains, le visage et les pieds. Puis ils se mettent à genoux sur un tapis de prière en se tournant vers La Mecque. Ils récitent des passages du Coran et se prosternent plusieurs fois.

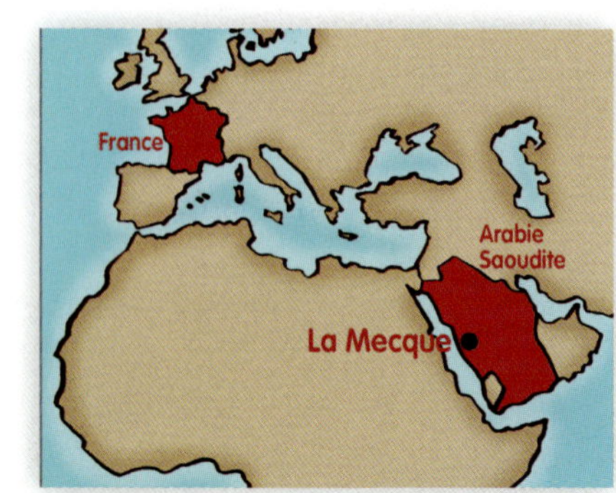

La conjonction de coordination « et »

JE DÉCOUVRE

1 Observe les phrases suivantes et complète le tableau.

A → Garçons et filles jouent ensemble dans la cour.

B → Les animaux sauvages s'arrêtent et se désaltèrent au bord de l'étang.

C → Les nombreuses voitures et les lourds camions se mélangent sur la route des vacances.

D → Les allées, larges et ensoleillées sont fréquentées par une foule nombreuse.

« et » relie …	
… deux noms.	
… deux verbes.	
… deux adjectifs.	
… deux GN.	

2 Réponds par « vrai » ou « faux ».

• La conjonction de coordination « et » relie deux mots ou deux GN qui sont de même nature.

• La conjonction de coordination peut relier dans une même phrase un nom et un adjectif.

• Dans la phrase A, la conjonction de coordination relie deux noms qui sont sujets du verbe.

• Dans la phrase D, la conjonction de coordination relie deux adjectifs qui qualifient le même nom « allées ».

JE RETIENS

La conjonction de coordination « et » relie deux mots ou deux groupes de mots qui appartiennent à la même classe grammaticale :

• deux noms,

Ex : ***Les femmes et les enfants fuyaient devant les flammes.***

• deux adjectifs,

Ex : ***Les ouvriers creusent des tranchées larges et profondes.***

• deux verbes.

Ex : ***Nous pensions pouvoir courir et marcher pour faire tout le parcours.***

JE M'ENTRAÎNE

1 Dans les phrases suivantes, encadre la conjonction de coordination « et ». Souligne les mots qu'elle relie.

1→ Pour nourrir ses petits la lionne chasse de jeunes et tendres gazelles.

2→ Le chef d'orchestre et les musiciens saluent la foule qui applaudit.

3→ Loïc a oublié au fond du tiroir ses gants et son cache-nez.

4→ Des vents forts et chauds font fondre la glace et la neige.

5→ Nous sautons et chantons de joie en revoyant nos amis.

6→ Le chien et le chat dormaient côte à côte.

Complète le tableau avec les mots que tu as soulignés.

phrase	mot	mots ou GN relié
1	*et*	*jeunes – tendres*

2 Dans les phrases suivantes, encadre la conjonction de coordination « et ». Souligne les mots qu'elle relie.

• L'enfant porte un tee-shirt bleuâtre et un pantalon beige.

• L'étage du palais comportait d'innombrables couloirs et des escaliers de pierre immenses.

• Le jeune enfant entendait des bruits et se blottissait sous les couvertures.

• Il était une fois un pauvre paysan qui n'avait qu'une petite maison et une fille.

3 Complète les phrases par « et » à l'endroit que tu choisis.

• La femme …… son mari font les courses …… au marché de plein vent.

• Le roi qui passe par là se retourne …… offre une fleur …… à la fillette.

• Le jeune enfant s'accroupit …… serre sa brave chienne …… dans ses bras.

• Il faut limiter …… la circulation des voitures …… des camions dans les rues …… du centre-ville.

Imparfait ou participe passé

JE DÉCOUVRE

1 Réécris la troisième phrase du texte ci-dessous, en supprimant le participe passé surligné. Que constates-tu ?

Réécris cette même phrase en supprimant le verbe à l'imparfait. Que constates-tu ?

Son corps atteignait une taille considérable. Ses membres lui semblaient lourds. Ses vêtements déchirés lui donnaient un aspect misérable. Accablé, il n'avait pas le courage de se redresser.

Remplace tous les mots surlignés par un verbe du 3e groupe. Que constates-tu ?

JE RETIENS

Le participe passé se terminant par le son [e] :
• peut-être remplacé par un autre participe passé ;
*Ex : Les vêtements **déchirés**. Les vêtements **salis**.*
• peut-être supprimé sans changer la forme de la phrase.
Le verbe à l'imparfait ne peut pas être supprimé.
On peut les distinguer en utilisant un verbe du 3e groupe.

JE M'ENTRAÎNE

1 Complète les mots. Justifie les terminaisons [e] en utilisant entre parenthèses un verbe du 3e groupe.

- On ne pouv...... plus circuler dans les rues inond...... .
- Il travaill...... sans relâche. Son atelier éloig...... lui serv...... de refuge.
- Il entend...... au loin les hurlements des chiens attach...... .
- Le paysan labour...... le champ.

2 Complète avec é, ait ou er.

- Le peintre install...... son attirail.
- Il aim...... regard...... les grands espaces.
- Il préfér...... cependant le grand arbre plant...... par son père lors d'un anniversaire pass...... .
- Il pouv...... profit...... de son ombre.
- Elle pouss...... la porte, juste pour faire entr...... ses yeux châtaigne.
- Elle regard...... mes yeux tristes.
- Mon père va bientôt arriv...... .
- Il cri...... , le poing serr...... .
- Elle part...... sans me regard...... .

Les mots composés

JE DÉCOUVRE

1 Quel groupe de mots utilise-t-on dans la phrase ci-dessous, pour préciser que ce que l'on dit est un exemple ?

- Les règles de nourriture sont précisées, comme par exemple vider la viande de son sang.

2 Quel groupe de mots utilise-t-on dans la phrase ci-dessous, pour dire environ ?

- Il y a à peu près quatre mille ans que les pyramides sont bâties.

JE RETIENS

Les mots composés sont des groupes de mots qui s'utilisent toujours ensemble. *Ex : peu à peu*

JE M'ENTRAÎNE

1 Réécris les phrases en remplaçant les mots composés par ceux ci-dessous.

→ *maintenant – rapidement – immédiatement*

- Dès qu'il apprit la nouvelle, il partit sur-le-champ.
- À présent il faut penser à travailler.
- L'animal avala la nourriture en un clin d'œil.

2 Réécris les phrases en utilisant les mots suivants.

→ *toutes sortes – tout de suite – au milieu de – à peu près*

- Le monument se trouve encadré de maisons basses.
- Le directeur désire te voir immédiatement.
- Dans ce magasin on trouve n'importe quel vêtement.
- Dans les gradins s'entassent approximativement vingt mille spectateurs.

Écrire un poème à la manière de…

J'ÉCRIS

La plume
Cette plume avait un chapeau,
Ce chapeau avait une tête;
Cette tête, un homme pas bête
Et cet homme avait un château.

Ce château avait des bouleaux;
Ce bois de bouleaux, vingt chevreuils
Et ces chevreuils avaient des bois
Sur la tête comme un chapeau.

DR • Maurice Carême

1 Relève les mots qui se répètent dans la 1re strophe.

2 Réécris la strophe sans le modèle.

Cette … avait un …,
Ce … avait une …;
Cette …, un … pas bête
Et cet … avait un château.

3 Reconstruis la 2e strophe.

Ce … avait …;
Ce bois …, vingt …
Et ces … avaient des …
Sur la tête comme un chapeau.

4 Écris la 3e strophe. *Mots qui se répètent : plume – alouette – tête – chapeau.*

Ce … n'avait pas d'…
Cette …, pas …,
Cette … pas de …
Et cette …, pas de rhume.

5 Écris un texte à la manière de Maurice Carême.

La trottinette
Mon ami joue de la trompette;
Ma cousine, du violon;
Mon père, de la clarinette;
Mon oncle, de l'accordéon;
Ma grand-mère joue du piano;
Mon parrain, de la contrebasse;
Son petit-neveu, de l'alto;
Ma mère, elle, de la guitare;
Et mon voisin qui est aveugle
joue quelquefois, le soir, du bugle.
Moi, je n'ai rien d'un musicien.
(…)

DR • Maurice Carême
Au clair de la lune

		vélo/judo
		boxe/cross
sportifs	font	footing/rafting
		natation/équitation
		ski

Tu reprends les mots surlignés du poème, tu utilises les renseignements du tableau et tu écris ton poème à la manière de Maurice Carême.

LE PETIT ATELIER DE PHILO

- *À quoi servent les rituels religieux?*
- *À quoi sert la prière?*
- *Quelles sont les différences principales entre les croyances?*
- *Que cherche-t-on dans la religion?*
- *Peut-on vivre ensemble sans avoir la même religion?*
- *La religion nous rend-elle plus libre?*
- *Que pense de la religion celui qui n'est pas religieux?*

Pourquoi a-t-on peur des différences ?

Sentha a des amis qui viennent de tous les pays.
Chacun est fier de ses origines.
Très souvent, dans un pays, il y a des gens venus d'ailleurs, des gens différents.

Quand on rencontre quelqu'un pour la première fois, on ne sait pas qui il est, on ne le connaît pas, ni son histoire depuis sa naissance, ni ses habitudes. Cet inconnu, c'est pour nous un étranger. Un étranger, c'est aussi celui qui arrive dans un pays où il n'est pas né. Son arrivée provoque parfois chez les gens du pays la xénophobie*.

QUI SONT LES ÉTRANGERS ?

Aujourd'hui, un homme sur cent (1 %) vit dans un autre pays que son pays de naissance. La plupart quittent leur pays parce qu'ils espèrent vivre mieux ailleurs, dans un pays plus riche. Ce sont des immigrés.

Pour vivre en France, il faut avoir une autorisation ou acquérir la nationalité.

D'autres sont obligés de partir de chez eux parce qu'ils n'y sont plus en sécurité, à cause de la guerre par exemple. Ce sont des réfugiés. Pour s'installer dans un autre pays que le sien, il faut remplir certaines conditions et accepter la loi du pays d'accueil.

Un français sur cinq a des grands-parents venus d'ailleurs.

POURQUOI A-T-ON PEUR DES GENS DIFFÉRENTS ?

Quand on rencontre quelqu'un qui est différent par son physique ou par ses manières, souvent, on est gêné ou on a peur. Et, parfois, l'autre en face ressent la même chose. C'est un peu comme dans le noir, quand on ne sait pas vers quoi on s'avance. On a peur parce qu'on est ignorant.

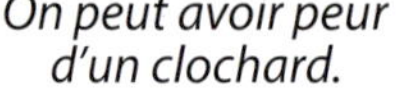

On peut avoir peur d'un clochard.

On peut avoir peur d'un handicapé.

Parfois, aussi, on a peur des autres parce qu'on croit savoir d'avance qui ils sont et comment ils vivent. Par exemple, on dit : les Arabes sont comme ci, les Noirs sont comme ça. Ces idées toutes faites sur les autres sont des préjugés. Les préjugés sont des idées fausses, qui parlent des gens en général.

Chaque être est unique.
Chaque situation est différente.
Il n'existe pas de gens qui agissent « en général ».

** xénophobie*

Ce mot vient du grec xenos, qui veut dire « étranger », et du mot phobia, qui veut dire « peur », c'est donc la peur de tout ce qui est étranger.

(à suivre p. 140)

EXPLORATION DU TEXTE

1 **Combien de fois trouve-t-on le mot pays dans la page 138 ?**

2 **Situe le plus rapidement possible les mots immigré – République – ignorant, en donnant le titre du chapitre dans lequel tu trouves chacun d'eux.**

3 **Relève dans le dernier paragraphe, page 130, une phrase négative.**

4 **Retrouve le mot ou groupe de mots qui signifie :**
- un pays qui prend en charge de nouveaux arrivants (p. 138) ;
- usages et coutumes d'une famille (p. 140) ;
- manières de penser et d'agir d'une famille (p. 140) ;
- ce que croit une famille (p. 140).

LANGAGE ORAL

1 **Choisis un paragraphe du document. Le livre fermé, présente-le à tes camarades. Comparez collectivement les différentes propositions.**

COMPRÉHENSION DU TEXTE

1 **Quelles sont les raisons invoquées par le texte pour justifier la peur des gens ?**

2 **Quelle différence y a-t-il entre immigré et réfugié ?**

3 **Qu'est ce qu'un préjugé ? Donne un exemple.**

4 **Que signifie le titre** ***« Chacun peut vivre à sa façon »*** **? Donne un exemple.**

5 **Quel est le gouvernement de la France ?**

6 **Quelles réponses peux-tu donner au titre du document ?**

7 **Que signifie le titre du dernier paragraphe** ***« Mais la loi vaut pour tous »*** **?**

8 **Ce document sert-il :**
- à donner des conseils et des ordres ?
- à répondre à des questions que l'on peut se poser sur les différences entre les personnes ?
- à donner quelques interdictions ?

9 **Après la lecture du document peut-on dire que étranger et différent, c'est pareil ?**

FONCTIONNEMENT DU TEXTE

1 **Redonne à chaque proposition le titre du texte qui convient. Note, chaque fois que cela est possible, la phrase conclusion qui termine le chapitre.**

On traite de l'origine des habitants d'un pays.

titre : ......
phrase : ......

On donne des raisons de la peur des personnes qui rencontrent des gens différents.

titre : ......
phrase : ......

On pose la question de savoir pourquoi les différences entre les personnes font peur.

titre : ......
phrase : ......

On précise que chacun peut vivre comme il l'entend.

titre : ......
phrase : ......

On précise que chaque personne doit respecter les règles communes.

titre : ......
phrase : ......

Vivre ensemble, les différences
Laura Jaffé, Laure Saint-Marc

(suite de la p. 138)

CHACUN PEUT VIVRE À SA FAÇON

En France, comme dans les autres pays, il n'y a pas une seule façon de vivre, la française.

Chaque famille a ses habitudes.

Karine peut regarder la télé quand elle veut.

Zina, sa copine, n'a pas le droit.

Chaque famille a ses traditions.

Chez Kim, on mange de la cuisine vietnamienne.

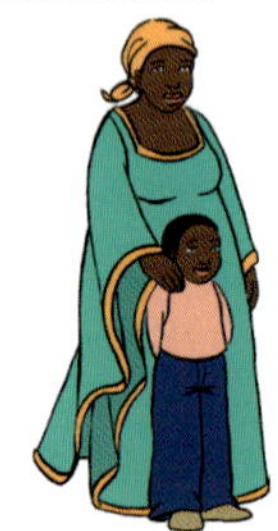

La mère d'Abdou s'habille avec un boubou.

Chaque famille a ses croyances.

Béatrice va au catéchisme.

Mohcine va à la mosquée.

Martine n'est pas croyante.

Tony a fait sa bar-mitsvah.

En France, la loi reconnaît que chacun est libre de penser et de croire ce qu'il veut.

MAIS LA LOI VAUT POUR TOUS

En France, comme dans d'autres pays (l'Allemagne, les États-Unis, l'Italie…), la République* a été proclamée. Cela veut dire que l'intérêt de tous l'emporte sur l'intérêt de chacun. Il n'y a pas de cas particuliers. Tout le monde doit obéir à la loi. En France, par exemple, l'instruction des enfants est obligatoire.

Tous les enfants doivent être instruits, même un enfant surdoué et très savant.

Le programme scolaire de CE2 est le même pour tous les enfants.

Même si aujourd'hui, dans la vie, nous ne sommes pas tous aussi libres, pas tous égaux, par toujours fraternels.

La devise de la République française est : Liberté, Égalité, Fraternité.

** République*

Forme de gouvernement élu pour un certain temps par le peuple citoyen.

Des manipulations grammaticales

JE DÉCOUVRE

1 Observe les phrases et réponds aux questions.

A ↪ Les arbres longent la rue.
B ↪ Les arbres nus et noueux longent la rue.

C ↪ Un voyage agréable est organisé.
D ↪ Un voyage qui paraît agréable est organisé.

E ↪ Les fumées de l'usine envahissent la vallée.
F ↪ Les fumées envahissent la vallée.

G ↪ La rapidité de la bête nous surprend.
H ↪ La bête rapide nous surprend.

Quelles remarques peux-tu faire en observant les phrases A et B ?

Essaie de faire cette transformation avec la phrase :

• Un homme se promène dans le bois.

Quel transformation a subie la phrase C par rapport à la phrase D ?

Comment est-on passé de la phrase E à la phrase F ?

Souligne dans les phrases G et H les mots qui n'ont pas changé.
Comment est-on passé de l'écriture de la phrase G à l'écriture de la phrase H ?

JE RETIENS

L'adjectif qualificatif épithète est une expansion du nom qui peut être supprimée. C'est un complément non essentiel du GN.
Le complément du nom est comme l'adjectif un complément non essentiel du GN.
L'adjectif qualificatif épithète comme le complément du nom peuvent subir des substitutions.
Ex : Nous avons vu une locomotive du passé.
Nous avons vu une locomotive qui est du passé.
Nous avons une locomotive ancienne.

JE M'ENTRAÎNE

1 Réécris chaque phrase en supprimant l'adjectif qualificatif.

• J'ai fait un rêve effrayant.
• On nous a servi un dessert glacé.
• Elle désire une robe rouge et blanche.
• On n'oubliera pas de sitôt ces guerres sanglantes.
• Son front haut et large lui mange le visage.

2 Souligne dans chaque phrase le complément du nom.

Exemple : L'adresse du clown est remarquable.

• Le courage du guerrier est exemplaire.
• On entend le déchaînement de la mer.
• J'écoute les longs sifflements des oiseaux.
• Nous avons apprécié le travail du chef.
• La réunion de travail se tiendra à la bibliothèque de l'école.

3 Transforme les phrases comme dans l'exemple.

Exemples :
La corde qui est solide permet de soulever de gros poids.
La corde solide permet de soulever de gros poids.
La solidité de la corde permet de soulever de gros poids.

• Un conducteur distrait occasionne un accident.
• Le transport en commun gratuit facilite les déplacements urbains.
• L'homme méchant éloigne les enfants.

4 Réécris chaque groupe de phrases en une seule phrase.

• Laisse tes habits près de la cheminée. Tes habits sont mouillés.
• Tu as dû beaucoup souffrir dans ces chaussures. Ces chaussures sont trop étroites.
• Au zoo, je vois des animaux. Les animaux sont particulièrement agressifs.
• Je plonge la cuillère dans la confiture. La confiture a été faite par ma grand-mère.

L'accord du verbe avec son sujet

JE DÉCOUVRE

1 En utilisant les mots surlignés, relève les couples GS/GV.

… les pauvres, ils s'ennuient à mourir.
Ils ne savent pas lire et c'est une grande tristesse…
Ils ne parlent pas bien le français… Ils regardent par la fenêtre les changements de saison. Le vent s'amuse dans le feuillage. Les flocons de neige tombent en silence. Souvent, je pense à leur sécheresse et des vagues de larmes se forment au bord de mes cils.

Que remarques-tu ?

JE RETIENS

Le verbe s'accorde toujours avec le sujet quelle que soit sa place.
Ex : ***Je regarde. Il les regarde. Ils me regardent.***

JE M'ENTRAÎNE

1 Complète avec les terminaisons du présent de l'indicatif qui conviennent.

- Tu la mang...... .
- Je les écout...... .
- Nous les partag...... .
- Elle les rang...... .
- Vous la gard...... .
- Elles me pouss...... .

2 Complète avec les terminaisons de l'imparfait de l'indicatif qui conviennent.

- Ils me parl...... .
- Je le regard...... .
- Il les accompagn...... .
- Nous la port...... .
- Vous me protég...... .
- Tu la franchiss...... .

3 Complète avec les terminaisons du futur de l'indicatif qui conviennent.

- Il les ramasser...... et les porter ...... chez lui.
- J'apprendr...... mes leçons et je les réciter...... à ma mère.
- Les paysans rentrer...... le foin et le ranger...... dans la grange.
- Les deux sœurs achèter...... un disque et l'écouter...... sans arrêt.

Les mots et les expressions familiers

JE M'ENTRAÎNE

1 Relie les couples de mots qui peuvent aller ensemble.

mots familiers	*mots non familiers*
une bagnole •	• un camarade
un pépin •	• travailler
un copain •	• une voiture
se balader •	• donner
boulonner •	• un parapluie
flanquer •	• se promener
une baffe •	• une gifle

2 Réécris les phrases en remplaçant les groupes de mots familiers par des mots ou groupes de mots non familiers.
Tu peux t'aider du dictionnaire.

- Le marteau piqueur fait du boucan.
- Il a acheté une nouvelle paire de godasses.
- Ce sac de patates pèse au moins cinquante kilos.
- Pour la fête de fin d'année, la classe a obtenu un succès monstre.
- Viens travailler au lieu de te tourner les pouces.

3 Recopie les phrases suivantes. Souligne les mots ou groupes de mots familiers. Réécris chaque phrase en utilisant un mot ou groupe de mots non familier.

- J'en ai marre de cette cuisine !
- Que cette tenue est moche !
- Je n'aime pas ce type qui se balade continuellement sous mes fenêtres.
- Il a fait un long séjour en taule.
- La voiture a grillé un feu rouge.
- Mon frère a reçu une belle raclée.

Écrire un texte documentaire

J'ÉCRIS

1 **Voici une série d'informations concernant la mésange.**

- Bâtit la carcasse de son nid.
- S'installe confortablement.
- Nourrit ses petits.
- Cherche des brindilles.
- Tapisse l'intérieur de laine.
- Couve ses œufs.
- Tisse les brins de paille.

Remets les informations dans l'ordre chronologique.

2 **Écris un texte en utilisant les informations précédentes que tu compléteras avec des détails personnels.**

Tu pourras nommer la mésange avec les termes suivants :

- la mésange,
- le petit passereau,
- le petit oiseau bleu,
- le charmant petit oiseau,
- elle.

3 **Lis le poème ci-dessous.**

Le chameau
Un chameau entra dans un sauna.
Il eut chaud,
Très chaud,
Trop chaud.
Il sua,
sua,
sua.
Une bosse s'usa,
s'usa,
s'usa,
L'autre bosse ne s'usa pas.
Que crois-tu qu'il arrivera ?
Le chameau dans le désert
se retrouva dromadaire.

DR • Pierre Coran
La tête en fleur • *Le cyclope*

Écris un texte sur le mille-pattes à la manière de Pierre Coran. Utilise les mots suivants donnés dans le désordre.

↪ *chaud – brûla – vipère – fondirent – misère – four*

Le mille-pattes
Un mille-pattes entra dans un ....
Il eut ......,
Très ......,
Trop ....
Il ......,
......,
....
Ses pattes ......,
Que crois-tu qu'il arrivera ?
Le mille-pattes dans sa ......
se retrouva ....

LE PETIT ATELIER DE PHILO

- *Préférons-nous ce qui nous est familier ?*
- *Peut-on devenir prisonnier de ce qui nous entoure ?*
- *Sommes-nous tous des étrangers ?*
- *Sommes-nous tous égaux face à la loi ?*
- *Peux-tu ne pas avoir de préjugés ?*
- *Es-tu libre de penser et dire ce que tu veux ?*
- *Devons-nous toujours respecter la loi ?*

Pages 8 à 13 ⟶ ***Kabou a encore grandi***
Coll. « Lecture en tête » • Serge Frick
© Sedrap Jeunesse

Pages 14 à 19 ⟶ ***La montagne aux trois questions***
Coll. « Petits contes de sagesse »
Béatrice Tanaka
© Albin Michel Jeunesse

Pages 20 à 25 ⟶ *La pêche • dans* ***Moi, Renart***
Coll. « Lecture du soir »
Julien Vergne • *© SEDRAP Jeunesse*

Pages 26 à 31 ⟶ *L'Indien qui n'avait plus de nom*
dans ***Histoire d'Indiens***
Coll. « Lecture en tête »
Michel Piquemal • *© SEDRAP Jeunesse*

Pages 32 à 37 ⟶ *Les oreilles merveilleuses*
dans ***Le Bon Gros Géant***
Coll. « Folio Junior » • Roald Dahl
© Gallimard

Pages 38 à 43 ⟶ *La paire de chaussures*
dans ***La sorcière de la rue Mouffetard***
Coll. « Folio Junior » • Pierre Gripari
© Éditions de la Table Ronde

Pages 46 à 51 ⟶ ***Je suis amoureux d'un tigre***
Coll. « Mini souris, Sentiments »
Paul Thiès • *© Syros Jeunesse*

Pages 52 à 57 ⟶ ***Chiffon*** • *Coll. « Lecture en tête »*
Vonny Dufossé • *© Sedrap Jeunesse*

Pages 58 à 63 ⟶ *Crocodébile • dans* ***Bonnes nouvelles de Thierry Lenain***
Coll. « Bonnes nouvelles de… »
Thierry Lenain • *© Sedrap*

Pages 64 à 69 ⟶ *Casse-bonbons • dans* ***Les nougats***
Coll. « Pocket Jeunesse »
Claude Gutman • *© Nathan*

Pages 70 à 75 ⟶ ***Le théorème de Mamadou***
Azouz Begag • *© Seuil Jeunesse*

Pages 76 à 81 ⟶ ***Un dragon encombrant***
Coll. « Lecture en tête »
Régis Delpeuch • *© Sedrap Jeunesse*

Pages 82 à 87 ⟶ ***Une moitié de sœur*** • Marc Cantin
© Castor Poche Éditions Flammarion

Pages 90 à 95 ⟶ ***Le Long Voyage du Pingouin vers la jungle***
Jean-Gabriel Nordmann
© Éditions La fontaine

Pages 96 à 101 ⟶ *Petit théâtre de Yasmine et Ali*
dans ***Bonnes nouvelles du Maroc***
Adil Semlali • Régis Delpeuch
© Sedrap/CDPL

Pages 102 à 107 ⟶ *Scoubidou • dans* ***Histoires de chats***
Coll. « Lecture en tête »
Michel Piquemal & Régis Delpeuch
© Sedrap Jeunesse

Pages 108 et 109 ⟶ ***Tour de terre en poésie***
© Rue du monde

Page 112 ⟶ *Alain Serres*
N'écoute pas celui qui répète
© Cheyne Éditeur

Pages 114 et 115 ⟶ ***Lagaffe mérite des baffes***
Franquin • *© Éditions Dupuis*

Pages 116 et 117 ⟶ *La bonne planque • dans* ***Boule & Bill, en vadrouille (Best Of)***
Roba • *© Éditions Dupuis*

Pages 120 à 125 ⟶ ***Vivre ensemble, c'est quoi ?***
Coll. « PhiloZenfants »
Oscar Brenifier • *© Nathan*

Pages 126 à 131 ⟶ ***Les sentiments, c'est quoi ?***
Coll. « PhiloZenfants »
Oscar Brenifier • *© Nathan*

Pages 132 à 137 ⟶ ***Les grandes religions du monde***
Benoit Marchon & Jean-François Kieffer
© Bayard Jeunesse

Pages 138 à 143 ⟶ ***Vivre ensemble, les différences***
Laura Jaffé, Laure Saint-Marc
© Bayard Jeunesse

ILLUSTRATIONS

Pascale Boutry-Maupou
pour les pages 14, 16, 19, 38, 40, 44, 46, 48, 57, 70, 72, 82, 84, 87, 88, 96, 98, 108, 110, 112, 118, 120, 122, 126, 128, 131, 132, 134, 138 et 140.

Marie-José Germain
pour les pages 32, 34, 64, 66, 90 et 92.

© SEDRAP
pour les pages 20, 22, 25, 26, 28, 31, 51, 52, 54, 76, 78, 81, 95, 101, 102, 104 et 143.

Lalou
pour les pages 58, 60, 63 et 125.

Maria Jalibert
pour les pages 6, 8, 10 et 13.

MISE EN PAGES

Jean-Marc Granier

ISBN : 978-2-7581-0594-7

Société d'Édition et de Diffusion pour la Recherche et l'Action Pédagogique.
9 rue des Frères-Boudé • BP 10665 • 31106 TOULOUSE Cedex 1
www.sedrap.fr

Dépôt légal : 2e trimestre 2008
réf : afr2ml
Imprimé en Espagne par **FERRE OLSINA** – Mai 2008 – n° 5300/2008